AQUARIUS

AQUARIUS

AQUARIUS

AQUARIUS

Vision

一些人物，
一些視野，
一些觀點，
與一個全新的遠景！

渣男：病態人格

精神科醫師剖析7種人格違常渣男，
遠離致命愛情

王俸鋼醫師
（彰化基督教醫院司法精神醫學中心主任）著

【推薦序】

推薦此書給戀愛新手，以及吾家有女初長成的父母

／賴奕菁（精神科醫師；《好女人受的傷最重》作者）

「渣男」是近來才出現的新名詞，相較於「負心漢」、「薄倖郎」等慣用詞，更能形容出某些男性的惡劣。他不僅辜負你的心意，始亂終棄，他在其他方面的作為也很卑劣，糟糕到只能說是「渣」。對比於「渣男」，其他的形容詞都顯得蒼白無力。

渣的程度也有等級的不同。腳踏多條船的用情不專，最痛的點就是「為什麼有我了還不夠?!」，但這頂多摧毀個人的自戀與自信。而更勝者，運用「養套殺」心理技巧的PUA把妹術，就會讓人感受到滿滿的惡意，再也無法相信人性。

不過，上述兩種渣男都是刻意所為，他們也知道自己在說謊。如果用心推敲、查核，還有機會拆穿他們的騙局。

然而，某些類型的「人格疾患」者，雖然已屬病態，但相處起來卻很「天然」，讓人毫無戒心。

交往之後，精神心理專業人士可能會辨識出問題所在，但一般人只感覺得出「怪」，但說不出他到底哪裡「壞」。而壞就壞在，他們不僅能破壞交往對象的親友關係，陷其於孤立，還可能毀滅對方的自我，讓人覺得自己理應被如此對待，而不思反抗或求援。部分極端的個人還出現犯罪行為，跟蹤、恐嚇，甚至到殺害對方，讓甜蜜戀情以社會版新聞告終。

偏偏，這些病態渣男絕非少數特例，每一類都有百分之幾的人口比例，比對中統一發票還容易。但是遇到的人總是有苦難言，因為病態渣並不符合社會對渣男的既定印象，他們不刻意說謊，不會惡意設陷阱欺騙，再露出本意，即使說出甜言蜜語，也是發自肺腑；他們的言行順著本性演繹，誠實坦然且真心。因為根本的問題就在他們的「心」有病，而且愈真心，愈有毒。

你跟他不是命中注定的相遇，而是被他挑選上的幸運兒。你期待對等尊重的愛情，但他只接受你配合他強勢引導的舞步，演他分配給你的角色，演他內心早已定案的劇本。當他真心想被拯救，你就得當他的救世主。當他認定自己是被害者，那你必得成為加害者。要是他想當暴虐的獵人，你恐怕只能認分，充當他的獵物了。

到後來，你會猛然理解他那些前任，即便他把她們說得多麼不堪，你終究知道為什麼她們會變成那樣。畢竟在他有著致命缺陷的思考模式下，你是誰，並不重要。看似兩個人的交往，其實只是他的獨角戲。不論哪個人跟他交往，到最後都會陷入相同的困境。你沒想到，竟有暗自羨慕那些前任的一天。誰來讓他願意和平分手，讓他放過自己？誰願意被抓交替，換你離開這個病態的處境？

此時，唯有精神科醫師才能告訴你，你遇到了什麼。畢竟「人格疾患」已經超出正常人的認知範圍，旁人根本想不到，自然也幫不了。

本書作者王俸鋼醫師雖身為精神司法醫學大師，但行文白話、易懂，穿插故事情節，讓讀者輕鬆領會，對於各類型的病態渣男的分析精準，帶人看透似是而非的話語，到底哪邊有問題。最後的建議更是切中要害，具體而實用。重點不要放在改造他。如果他真的沒救，不是你的責任。倒是因他而受傷慘重的你，需要療傷，重建自信。連如何全身而退，順利分手，王醫師也在書中教導保命要訣。遇到渣男，千萬別以為分掉就好了。如果沒有好好反思，解開自己個性上的心結（渣男勾心的下錨處），得等到一再遇到爛男人之後，才驚覺自己是個「渣男磁鐵」。要怎麼自我察覺與改變，王醫師也毫不藏私，在書裡傾囊相授。

在拜讀此書後，我深覺作者是佛心來著，內容扎實，拳拳到肉，輾壓坊間似溫暖卻空泛的心靈雞湯文。對於素人，是教戰實用書；對於專業人士，則可做教科書。

推薦此書給初登情場的戀愛新手，列入作戰裝備。

它也適合吾家有女初長成的父母，看完之後，轉送女兒當護身符，閃過渣男地雷。

如果你的好友正苦於被男伴糾纏、折磨，此書或能助她安然脫身。

我更推薦給本行的精神科後進，如果你覺得診斷準則背起來像念咒，且人格疾患就像鬼一樣，聽過，沒看過，面貌模糊，難以想像。保證看完本書，那些類型的人格疾患就活生生印在心底，往後看到就能辨識出來。

心理、社工相關助人工作者絕對常遇到此類被害者個案。為什麼兩方說法南轅北轍？而個案怎麼努力都是鬼打牆？看過本書，或許你就會明瞭個案到底遇到了什麼鬼。

【自序】

她們都希望被「看見」——讓所有的苦難都有意義

如果說，在這本書的寫作過程中，曾有過什麼樣的困難，先排除掉醫師擺脫不掉的生老病死和永無止境的臨床業務，實際上真正剩下的難題，其實只是一句很短的話：「你們，是一群偷故事的人」。

不只是精神科醫師，其實任何一科醫師都是。只要用心、只要交心，很容易和各種千奇百怪的人生產生交會。而對當事人而言，如果不是不得已，沒有人想把生命中最痛的那部分拿出來。不只是單純的難以啟齒，更多的原由是，因為實在太痛了，所以只要能夠壓在心裡，每個人都只想盡量地往下壓，壓到記憶的最底層，並且奢望能夠就此遺忘……

不過病痛是最由不得人的。各種病痛都會讓人脆弱，都會讓人想要求助，而所有助人工作者，醫師、護理師、社工師、警察……都會因為這樣而碰觸到傷者生命中很脆弱的那一塊。

所以，這樣子把別人的傷痛說出來，會是好的事嗎？我當然可以努力地把所有故事的個別資料都給刪改掉，到沒有任何他人認得出來的程度，但是……那個傷心的當事人，多少會知道那就是自己吧？

抱著這樣的自我懷疑，我問了每一個我打算說出來的「故事」的女主角，她們可願意分享她們的遭遇？畢竟那些故事實在很讓人痛心，也有著各種匪夷所思、讓聽者覺得訝異，但又「故事性十足」的內容，連見多識廣的精神科醫師，都因此深受吸引，並對其中人性的扭曲嘆息不已。

但我也很明白，對別人而言，那也許只是個「故事」，然而在事情發生的當下，每一位主角幾乎都承受著難以言喻的痛苦，更有甚者，還要承受眾多不知情者對「故事」真實性的質疑眼光。因此對於要「偷」這些人的故事，最大的猶豫，反而是「這樣的敘事，如果發生了，對妳們會產生什麼樣的影響，又有什麼意義？」。

很意外地，即使做好了「可能要被拒絕，因而讓某些故事塵封在心底」的準備，但真正詢問的結果，竟然是每一位主角都希望被「看見」。

不是因為想報復，也不是那種想上爆料公社喊冤的心情，畢竟事情多數都過去很久了；實際上大部分當事人的想法，歸納起來都是那種：「**我想讓人家知道，因為，如果知道了，也許就有人可以踩在我的傷口上跨過去，不要踩進那樣的陷阱、不要被那樣的邪惡所捕獲，那我所有曾經的痛苦，也許都會因此而有了意義……**」

其實「知道」是充滿力量的。

很多東西無關聰明，單純只是知道與不知道而已。叫愛因斯坦死而復生來玩網路遊戲，他可能比不過任何年輕人。不是因為他愚蠢，而是因為他不知道這是什麼，也無從玩起。而一個懂得買飛機票、搭飛機的現代老太太，幾天內能遠行的距離，也絕對是亞里斯多德在那個時代快馬加鞭，也追趕不上的。

原本在書籍寫作的最開始，「渣男假面」這樣的詞一直迴繞在自己腦海裡。西方字彙裡的「人格」，字源本來就與拉丁文的「面具」有關。雖然多數人不願意面對，但我們都清楚，自己在最私密、最不為人知的所在，和相對於眾人眼前，絕對會有著兩張不一樣的面孔，那並不是虛偽，反而是人之常情。

人格本來就有很多不同的面向，我們也可以理解，一個人身上所準備著的多張面具，背後存在的目的，也都有「脈絡」可循。不管那個脈絡是道德的、是自私的，還是另有目的，我們多少都「知道」那種現象的存在，並且隨時做好準備。

但比較少為人知悉的是，有些人，完全損人而不利己的，在那些個面具之中，就是隱藏了一張野獸般的面具，一張在這個文明社會裡，一點用處也沒有的面具，病態的、變態的面具……

希望所有人都能夠透過這本書「看見」，進而「知道」，踏出看穿渣男假面的第一步。

【前言】

請認清並離開渣男的愛情搾取

「為什麼他可以這樣睜眼說瞎話？」「為什麼他可以這樣的惡劣？」「這個人到底有沒有良心？」……層出不窮的問句，總是在診間裡，情感受傷的當事人口中排山倒海般地湧來，而這些受盡折磨的傷心人心中最期待的，卻也往往是最不可能得到的，就是一個讓她可以理解、心服的答案。

為什麼不可能得到？因為現實中令人遺憾的是，不管提出來的答案是什麼，當事人第一時間都會很難接受。最常見難以接受的渣男特性，「言行不一」算是構得上「渣男」封號的濫情人的第一特點；而第二特點，通常就是「嚴重的自我中心」。

但這些行為上的難題，也不只有渣男才會出現，在各種人際關係、親密關係裡，有渣男，就會有渣女，有奸商，當然也會有詐騙集團。就精神科醫師的角度來說，無奈而苦笑著同理當事人的辛苦，很多事情最終還是靠著時間，就能沖淡中間的傷痛；拿得起，放得下的瀟灑前行固然最好，糾結其中，並沉浸在復仇之中，也是人之常情。

但某些時候，確實有些人的極端遭遇，連精神科醫師也常覺得驚悚不已。細問之下，不難發現這些非常無良、造成極端情傷的渣男，彷彿像是所有濫男人的「極大成」者，並且其行為在精神科醫師的眼中，會出現很多似曾相識的味道。主要的原因，在於這些看起來很離譜的男人，他們的人格特質經常和一些特殊的人格違常非常接近。並不是說這些人就一定是達到疾病程度的「人格疾患」，但只要有相近的傾向，往往就足以讓不幸遇到的當事人痛苦不已。

依照美國《精神疾病診斷準則手冊》第五版DSM-5的描述，人格違常可以粗分為三大類：思考怪異的A群人格、情感表現特殊的B群人格和以社會焦慮為主軸的C群人格。其中，B群人格中的邊緣人格、自戀人格、戲劇人格與反社會人格，因為以情感症狀的特殊表現為主，而很容易與人產生情感上的糾葛；另外，A群人格中的妄想型，C群人格中的依賴、強迫型，則是因其異常的人格特質，而容易造成另一半的困擾。

所以本書的前半，用改寫過的實際案例說明這些病態人格表現。至於如何辨認這些人格特質？除了細究診斷標準中的行為特質之外，曾經有學者針對各項診斷標準，做過症狀敏感度的研究，也就是說：「如果只看其中一個表現，哪一個最容易偵測出特定的人格違常？」

答案是：

- **邊緣型人格**：瘋狂地避免各種實際的，或想像中的被拋棄。
- **自戀型人格**：對自我重要性（self-imporrance）的自大感（如：誇大成就與才能，

在不相稱的情況，期待自己被認為是優越的）。

・**依賴型人格**：需要他人來為自己大多數的生活領域承擔責任。

・**戲劇型人格**：情緒表達顯露自我誇示、戲劇化和過度誇張。

・**反社會型人格**：無。沒有特定的診斷標準有最高的敏感度，整體而言，此類人格特質極端地視社會規範如無物。

・**偏執型人格**：不合理、沒道理地懷疑身邊人的忠誠，並沉浸在這樣的想法裡。

・**強迫型人格**：顯示出過於追求完美而妨礙任務的完成（如：因無法符合他過度嚴苛的準則，而無法完成計畫）。

至於面對這些人格特質相當極端的另一半，如何提醒自己在親密關係中的錯誤假設／信念，並且透過關係中的痛苦來反思、內視自己的界限設定，幾乎是在處理這些困難關係中，都必須要面對的重要課題。本書一開始在介紹完邊緣人格後，就以這樣的人格違常為例，說明整個關係覺醒的過程中，個人對內、對外要注意的事項。基本上，這些牽涉到人我之間的議題，是在接下來所有親密關係的嚴重扭曲時都需要注意的。

最後則是希望透過卡普曼三角、女性在現今文化體制下的自我限定，以及各種對於理想另一半的追求，來解析自身可能存在的弱點。例如追求「真愛」的人，很容易被邊緣人格所蒙騙；追求「偶像」的，很容易被自戀人格的自信光環所迷惑；追求「刺激、好玩」的，很容易沉浸在戲劇人格所創造出來的趣味氛圍裡；而追求「霸道總裁」式依賴感的，則很容易變成反社會人格的下手對象。

最後，分手時的失落，常會因為當事人早已受盡了傷害，而忽略掉對方可能出現的鋌而走險或各種暴力風險，所以特別在最後的部分，提出一些需要注意的事項。希望所有看到這本書的讀者，能因此在需要時得到幫助。

目錄

目錄

輯三　如何與渣男安全分手？

輯一　渣男七大類型

邊緣型人格渣男（一）

唯一穩定的，就只有他的不穩定。
人際關係極度緊張，在「理想化」和「貶抑」兩極之間轉換。

「我究竟做錯了什麼，他要這樣對我？」

「為什麼他可以做出這樣的事？這樣扯謊、這樣扭曲事實來傷害我？他良心是給狗吃了嗎？」

無論是自尊被踐踏到極致後的自我懷疑，還是認清狼子野心真面目後的咒罵，我在認真傾聽之後，都會問這麼一句：「那麼，現在的你，能不能說說看，這位你口中的『渣男』，他的人格特質是什麼？」

通常這時候，受傷的心都會因此而更加錯愕。因為即使是心痛心冷之後，自認已經澈悟的內心深處，**多數人都還是會發現，要完整地將這個渣男的言行，統整分析成一個合情合理的個體，還真是一件難以達成的事**。這種「唯一穩定的，就只有他的不穩定」的強烈感受，彩櫻所遭遇的故事，就是一個很好的例子。

彩櫻是天使般的存在

彩櫻和男友的緣分，是從畢業後不久的校友會上開始的。男友當時正面臨一段痛徹心扉的失戀。據其他同學轉述，追上某系系花的男友，對系花的關懷無微不至，甚至在兩人求職的過程中，還不惜動用自己父親的人脈和面子，讓兩人成為某知名國內大企業中人見人羨的一對璧人。但卻在進公司不久，系花很快地移情別戀。原本男友的真情付出，全都在瞬間被棄若敝屣。

看著他在同學們為了安慰他而舉辦的聚會中，灌著烈酒，痛哭流涕，訴說著自己如何為了幫忙系花完成企畫、荒廢自己的業務；如何每天下班後守著系花，加班時風雨無阻的買外食、接送上下班……

在這樣告解的過程中，**彩櫻的母性整個被激發了**：「原來他也有這麼深情的一面！」

＊＊＊

彩櫻一邊和其他同學一起安慰著傷心人，一邊兩人的感情，也因為這樣的聚會日漸升溫。

剛開始，彩櫻的出現，幾乎成了天使般的存在。對男友而言，面臨離職、瀕臨崩潰、企圖自殺的情傷過程中，彩櫻的接納與溫柔，讓男友重新站了起來。不同於上一段戀情中系花的冷酷無情，在男友的敘述中，彩櫻簡直成了這世上最完美的女性。

彩櫻真的是全心全意的愛著男友，也因為男友的重新振作與感激，彩櫻在這段關係中，感受到前所未有的滿足。男友開始從系花的陰影中走了出來，並且將過去對另一個女人的關懷，完全轉移到彩櫻身上。

原本這應該就是故事的結束，是王子與公主所擁有的美好結局，但兩人的關係，竟然在一件小小的意外後急轉直下。

扭曲事實的謾罵、攻擊與指控

男友的中文打字速度比彩櫻慢很多，在他頹廢喪志的那段期間，彩櫻常常順手幫男友整理、繕打一些他公司裡的文件。但那天彩櫻剛好談成一筆大單，公司同事要幫她開個小小的慶功宴，而男友又要趕完一份公司隔天就要交出去的合約草案，所以除了沒辦法和彩櫻一同參加同事聚會之外，還不得不留在兩人合租的小公寓中，對著電腦苦戰。

「應該沒問題吧？」即使在慶功宴裡，彩櫻還是掛心著男友。「還好我已經弄完九成了，剩下的，應該還算簡單……」

但就在彩櫻離開收訊不好的餐廳，準備趕回公寓時，才赫然發現手機竟然有十多通未接來電，而回到家中，面臨的則是暴跳如雷、破口大罵的男友。原來因為一個操作失誤，男友竟然將整份文件刪除了。

- 「我不是說文件都要備份嗎?!你看你怎麼搞的！」

・「不就是一個單子。你做完工，還要陪吃陪喝嗎？他媽的，又不是可以加薪！你是打算練習當酒店小姐嗎？參加那個屁會有鳥用？」

夾雜著不可置信的驚嚇與愧疚，彩櫻的腦子還來不及反應，就已經照單全收地接下男友所有的謾罵。

彩櫻沒去反駁那個文件原本就該是男友自己分內的工作；沒去澄清電腦的備份，也是男友該關心的事情，更沒有強調男友的那份文件有九成都是彩櫻完成的……彩櫻就是很反射性地哭著賠不是。

但**更多的道歉，就彷彿火上加油一樣，坐實了「一切錯都在彩櫻身上」的指控**。

爭吵在男友甩門而出之後告一段落，只留下在黑暗中獨自啜泣的彩櫻。

從天堂墮入地獄

到後來，彩櫻所面臨的就是一連串從天堂墮入地獄的過程。直到逼近崩潰邊緣，彩櫻被朋友勸著來就醫，也才明白男友不僅在她的面前，將她貶低得一文不值，更在彩櫻的朋友圈裡，四處抱怨彩櫻有多麼「忘恩負義」。

•「天啊，可是，醫生你知道嗎？他口中說的那些幫我做的事，根本就是幫倒忙。公司前輩早就幫我完成了很多前置作業，但他硬要賴我和男性的前輩有曖昧，非得要我放棄之前的成果。」

•「我沒有要他陪我加班。事實上，他只會臭著一張臉，只要我跟同事多講兩句笑話，他就會在回家後，不斷說我沒有認真看待他的陪伴，要我保證我和其他同事的關係清白。」

也一直到最後，彩櫻才明白，原來，這時候她完全被硬塞進當年那位系花的角色劇本之中，而這一切都是男友自導自演的同一部、同一系列愛情悲劇。**男友是永遠不變的被害人**，而她和系花都是只把男性當工具人的爛女人。

不是「全好」，就是「全壞」

「人際關係模式緊張而不穩定，其特點是在『理想化』和『貶抑』這兩極之間轉換。」

這是美國《精神疾病診斷準則手冊》第五版中，對邊緣型人格違常

（borderline personality disorder）中的一項描述，意指這種特殊的人格型態，對於身邊他者的認定與詮釋相當不穩定。

在他們的眼中，身邊的事物只能在「全好」和「全壞」之間做選擇，**沒有一般成熟人格所能接受的「灰色地帶」**，也沒有辦法正確地評價和接受這個世界就是夾雜著幾成好、幾分壞的事實。

而為了達到這樣的「認定」，很多邊緣型人格會因此選擇性的接受事實，並且用完全不同的角度，去解釋同一件事。

今天我請你吃頓飯，任何人都知道這背後可以有多種不同的動機，可能是想聯絡感情、想建立關係、想打聽八卦、想推銷保險……而且，這樣的動機都可以同時和諧地存在，並在某種程度上被我們接受。

但從邊緣型人格的視角，如果認定這頓飯意味著友誼，那麼，今天你在餐桌上的所有行動，他都只會用友誼的角度來解釋。但若認定這頓飯背後有陰謀，那麼點一杯酒，就有可能是意圖灌醉對方；付帳報上統一編號，就有可能是要拿你當人頭，花公司的公帳。

在心理防衛機制上，這樣的現象被稱為「分裂」（splitting）。它本身並不必然就是一種病態，**絕大多數人在嬰幼兒發展的階段都經歷過類似的過程，那是一種**

尚未完全成熟的心智對外在事物的想像。未成熟的幼兒大腦，必須要讓這個世界「黑白分明」，這樣才能做最簡單的趨吉避凶。所以小朋友的世界，一定要先界定出「好人」、「壞人」。好人就一定會做好事，就算現在看不出做那件事的用意，但背後一定有好的意圖；而壞人就完全相反，幾乎一切所作所為，都有潛在的邪惡動機，就算現在沒有，未來也一定會發現其中深埋的陰謀，這就是邊緣型人格者擺盪在全好、全壞時的認定模式。

極度偏頗，且自我中心

事實上，這種想要「黑白分明」的欲求，在人類身上，也沒有真的能成熟到完全消失。多數不需要耗損腦力、純以休閒為主的電視劇，最經典的橋段就是，裡面必然會有好上了天的正派角色，和壞下了地的反派惡人，而我們也常常會聽到某位反派演員，因為角色實在讓人恨得牙癢癢，而被某些太入戲的觀眾憎恨的傳聞。

其實，這也是我們一般人身上，多少殘存著「分裂」的心理機制的證據。只是多數人能夠將這樣的狀態，控制在一定的範圍內，不會偏離現實，造成人際關係的嚴重衝突，但當這樣的心理機制發生在邊緣型人格的身上，就會完全失控，明顯呈現出扭曲現實，自我中心到完全無法客觀看待身邊人事物的程度。

當這種人格特質體現在「渣男」身上時，就會讓身在關係中的人，如同坐在雲霄飛車上，瞬間好像衝上天，瞬間又好像要墜落地。

當彩櫻作為一個同情的傾聽者，出現在邊緣型人格的男友身邊，她根本沒機會去懷疑男友和系花之間的問題，真正的始作俑者是男友。

因為邊緣型人格在扭曲他對現實的認定時，完全是以自己主觀的世界為中心點。**那種充滿著高度情緒張力的描述，不會讓一般人存在著任何懷疑的空間，這也成為受害者幾乎必然上當的陷阱。**

彩櫻成為拯救者

另一方面，受害者也會如同加入老鼠會一樣，**在初期享受著邊緣型人格「全好」的紅利狀態，而無法自拔**。

彩櫻就是這樣，在與男友的初期關係中，享盡了被視為天使般的待遇。任何彩櫻的所作所為，都會受到男友無盡的讚美與誇獎。在彩櫻的內心深處，也因為**變成偉大的「拯救者」，而滿足內在潛意識的虛榮心**。

但這一切的美好，永遠不可能長久。

都是別人的錯，他是永遠的受害者

「必然出現的不穩定，唯一穩定的就只有不穩定」，這是專業對邊緣型人格的普遍共識。

這種「全好」的狀態，會在隨便一個小小的衝擊下，就被完全地粉碎，並且立刻讓關係跌入地獄。伴隨著的，是對現實採取一種與過去截然相反的視角與詮釋，這也是當事人最受不了的狀況之一。

彩櫻在她的感情挫折中，最耿耿於懷的，也是這點：「他怎麼可以如此地罔顧事實？他怎麼可以這樣跟別人說我？」

然而更糟的事情是，邊緣型人格不只是用完全偏頗而自我中心的角度，扭曲、詮釋現實，以維持這個將自己眼中的世界從「全好」過渡到「全壞」的過程。

更重要的是，他一樣會覺得這個過程是痛苦的。**邊緣型人格不只害人，也同時害己，而由於這種崩壞的過程太過痛苦，他往往會將這樣的過錯完全怪到別人身上。**

有些人會選擇不斷自傷、用自殺來威脅他人，甚至憤怒、暴力、故意與他人發生性關係，而其目的都是要懲罰、報復那個他眼中的「壞人」。

這一切的行為，非常弔詭地，其實是來自他對這段關係的珍視，或者更精確地說，是對失去這段他眼中「完美無瑕的全好關係」的一種對抗，但實際的狀況，卻必然是將這段關係推得更遠。

與邊緣型人格溝通，無法「講道理」

這樣的行為模式，視情節輕重，很多時候，需要透過擁有深厚專業訓練的治療師協助，才有機會改善。但對身處在這種困境中的當事人而言，即使理解邊緣型人格的存在，對實際狀況的幫助，也相當有限。

很多仍對這段關係抱持著希望和期待的人，最終的感受是「知道這種現象，當然會開始對他產生更多的同情和理解，也願意用更柔軟的態度面對衝突，但對方好像很難理解這種狀況。而知道得愈多，自己的負擔好像也愈大……」

這樣的負擔，對仍然希望修復關係的當事人來說，是不可避免的必要之重。由於邊緣型人格對於現實的自我中心與扭曲，完全不是理性概念的生成物，因此**多數試圖「講道理」的嘗試都會失敗，而「提前認錯」的作為，又會像彩櫻所經歷的一樣，被對方當成是「果然錯都在你身上」的「證據」**。

如何與邊緣型人格溝通

因此，在這樣進退兩難的位置下，通常**當事人都會被建議，應該要設定好界限，並且溫柔而堅定地維持著這樣的設定**，最終成為兩人關係穩定下來的基石。

可惜的是，要完成這種任務，有時，連專業人員都不見得把守得住。對多數關係中的人來說，最終常常是努力到心力交瘁、遍體鱗傷。所以，最後被情感搾取到耗竭的當事人，都會選擇撤退，並換來身邊多數人的一句，「我不是早就告訴過你要分了?!」

可惜的是，這樣的設定（分手），也許就目標而言，是正確的，但在方法上，往往會碰觸到邊緣型人格者的另一塊逆鱗。

筱雨的故事，就是另一個很血淚的例證。

邊緣型人格渣男（二）

善妒。瘋狂地努力逃避真實，或想像中的被拋棄。

完美的護花使者

不同於彩櫻因為意外沒接到電話而引起紛爭，筱雨承認自己在某些方面確實有些理虧。

那天，工作上帶自己入門，幫了很多忙的前輩，準備榮調海外分公司，部門同事們說好了要為前輩餞行。

身為最受照顧的新人，筱雨自然不能缺席，但同時又讓她左右為難的，是把她捧在手心上的男友，那份一日不見，如隔三秋的熱情。

說實在的，即使是最挑剔的閨密們，也沒人見過這麼貼心到無微不至的護花使者。

知道筱雨最愛吃的早午餐，頓頓替她張羅；永遠儲滿值的隨行卡，從此不用擔心沒錢；加班時每三十分鐘就來一通噓寒問暖的電話，甚至伴隨著帶來小驚喜的點心或宵夜外送。

筱雨男友如貼身管家般的照顧，不知讓多少公司女同事眼紅，男同事自嘆弗如。

善妒

但不為他人所知的是，**在這樣的甜蜜底下，男友的善妒也同樣強大**。只要筱雨和其他異性同事互動稍微頻繁些，無時無刻不在關注筱雨的男友，臉上就會罩上一層誰都看得出來的低氣壓。

將這樣的占有欲和男友細心的呵護做連結，真心相信這些都是男友深愛她的另一種表現，筱雨自然也願意為了安撫男友而付出。

筱雨不但謹守著能說一句，絕不說第二句話的原則，來和所有辦公室的異性互動，甚至心甘情願為此斷絕辦公室內所有正常的社交生活。

即使是閨密們的聚會，只要可能有異性出現，就算事先說好了，只是為其他女同事製造機會，筱雨也會為了害怕引起男友不快，而斷然拒絕這樣的邀約。

但課長前輩的餞行宴，真的讓筱雨的內心十分糾結。

奪命連環叩

課長前輩身為父親的大學學弟，雖然未婚，但年紀大了筱雨一輪，除了將她引介進公司之外，更幫她度過業務上好多的難關。因此，臨行前的重要餞行宴，筱雨說什麼也不該拒絕。

何況兩人之間存在的只有親人般的照顧、扶持，怎麼講，都說不上任何的男女私情。筱雨若再用男友的嫉妒作為推辭的藉口，只怕除了沒人能接受之外，在禮數上，也很難說服自己。

但筱雨內心深處就是有著很深的不安，畢竟男友不是沒在筱雨提及對前輩的景仰時，用著頗酸的暗示口氣，質疑筱雨是不是有戀父情結。即使事後澄清那只是玩笑話，但害怕一旦提出，就惹來男友不快的筱雨，還是在部門同事的慫慫與合作之下，對男友撒了個善意的謊言，說整個部門當晚要加班，以此作為藉口，參加前輩的餞行宴。

「雖說是吃吃喝喝，但整個部門都在，為的也是公司的事，要說是某一種加班，好像也勉強算吧？」筱雨這樣想著。

可惜沒有事先說好無法接電話，因此完全擋不住男友的奪命連環叩。筱雨支支吾吾的回答，無法安撫男友的疑心，更在男友又用關心做藉口，自行衝來筱雨辦公室，卻見不到人之後，讓男友的怒氣整個大爆發……

之後，兩人間的關係急轉直下。

暴怒後，求原諒

男友不斷地暴怒、指責，將筱雨的這次說謊，在之後的每一次爭吵中，都無限上綱地形容成了最嚴重的感情背叛與淫亂，**完全忽略這樣的事，真正的根源，是來自於男友自身的極度沒有安全感，以及筱雨沒有底線的妥協。**

然而，也常在筱雨受夠男友無盡的指責和情緒勒索，瀕臨放棄的時候，男友又會急轉彎地低頭認錯。

男友發誓自己會這樣，完全都是太愛筱雨的緣故，並且用盡一切方式，低聲下氣乞求筱雨的原諒。

但這世上沒有人能永遠承受這樣的關係酷刑。不斷擺盪在火熱的討好和酷寒的責難之間。

受不了的筱雨，幾乎是崩潰著哭求男友放過她。

在社群軟體散布扭曲的事實

當筱雨希望男友能讓彼此都不要繼續在這段地獄般的關係裡，互相折磨時，男友卻開始了前所未見的瘋狂行動。

男友在社群軟體上散布著各種扭曲的事實，和對筱雨的汙蔑，但又四處散布著乞求筱雨原諒的文字告解，甚至還到筱雨工作的地方騷擾，用自殺來威脅，要筱雨回到他的身邊。

這一切，都讓筱雨難以理解。

筱雨不明白男友在意的到底是什麼。自己明明不是個招蜂引蝶型的女人，甚至斷絕自己和所有異性間的社交聯繫，為何男友還是這樣沒有安全感？如果男友不珍視自己，為什麼追求時、挽回關係時的付出，都是如此掏心掏肺？但若是珍惜，又為什麼不斷扭曲他們之間的過去，並為此爭執，還用最惡毒的言語詛咒她、詆毀她？為什麼明明兩人之間的關係，只剩下對彼此的折磨，男友卻還要用那樣劇烈的方式挽回？如果男友連犧牲生命都在所不惜了，那麼又為何不在打算從頭來過時，多一點忍讓、多一點大度和不計前嫌？

害怕被拋棄

其實這一切，都可以用「拋棄」的角度來解釋。

△因為要避免被拋棄，男友就算內心暗暗埋藏著不滿，他也會要求自己一定要做一個最完美的工具人，即使筱雨並沒有這樣期待。

△因為要避免被拋棄，所以男友要永遠地用噓寒問暖，來掩飾行為背後的緊迫盯人，掩飾他無法忍受任何無法掌握筱雨行蹤的感覺。

△因為要避免被拋棄，所以男友拒絕接受筱雨對任何異性，表現出一絲一毫的親切或欣賞。提到情感上的曖昧，那只是表面的藉口，男友不會容忍任何可能擠走他位置的潛在競爭者。

△也因為要避免被拋棄，所以分手是一件完全不能接受的選項。一切痛哭流涕的懺悔，**男友在內心深處所在意的，從來不是對修復美好關係的渴望，而只是無法忍受失去**。

＊＊＊

「瘋狂地努力逃避真實，或想像中的被拋棄。」

這是美國《精神疾病診斷準則手冊》第五版中，對邊緣型人格違常的另一項描述。

所謂的「拋棄」，並不是只有現實、字面上的解釋。不是簡單地重新定義兩人關係，或者是從此形同陌路、老死不相往來，那般直接、劇烈的改變，而是**一種更深層、沉浸在靈魂深處，一種重要關係的斷絕**。

讓我們想像一個不到五歲的孩子，他在兒童樂園的人潮中和母親走失，遍尋不著母親的身影。他會從原本的自在歡樂中，瞬間跌落進恐懼的深淵。他可能都還沒學會好好說話以及適當地跟別人求助，於是，他只能奮力地在人群中，孤獨無助地嚎啕大哭。

他的一切都還要仰賴供他吃、供他住的家人。他生命中所有美好的一切，也都是家人所給予的。他可以耍賴、使性子，但他其實也明白，那個供他吃、供他住、滿足他一切的權力者，隨時可以給予他嚴厲的懲罰，奪走他所有的一切。而如果這孩子的周圍，是一個充滿兒虐暴力的環境，那麼，這樣的感受就會更加地刻骨銘心。

很難與邊緣型人格者分手

確實有相當多的研究顯示，兒童時期的虐待或創傷，是產生邊緣型人格違常的重要因子之一。

就如前文所述的「分裂」機轉一樣，有些人格運作無法成熟的個體，不僅只能將他眼中的世界，用「全好」、「全壞」的扭曲方式來劃分，他也無法和身邊的人，形成足夠有信賴感的親密關係。

所以**身邊的人只要夠重要，就會讓邊緣型人格者落入一個充滿恐懼、壓力的情境底下**。

當他愈是感受到那個親密關係的重要性時，那種「必須盡全力去討好，不然我會被丟掉」的恐懼感，就愈會如影隨形地出現。

他也會像某些寓言故事中的焦慮愚者一樣，不斷地拿著鐵鎚，敲打橋梁，只為了確信橋是堅固的。最終因為一直重複地敲打、測試，使得橋到最後被硬生生敲斷了，才肯停手。

因此，幾乎沒有一種保證，可以真正安撫邊緣型人格者的內心。

你必須要不斷地證明自己在這段關係中的忠貞不移。方式就是**不斷地被邊緣型人格者測試你的各種底線**，直到你像上述寓言故事中的橋，被敲斷了為止。

而在這樣的關係裡，分手成了一件不可能的任務。

實務上，**比較常見到的方式**，多數是像彩櫻的故事中，那位系花一樣，男友的目標因為彩櫻出現而轉移，讓上一個目標的系花僥倖逃過一劫。這也是為什麼有些嚴重的邊緣型人格者的受害人，最終還是要**在專業伴侶治療師的協助下，藉著關係、焦點的轉移，讓原有受害者得到解套**的原因之一。

守住立場，別讓對方當工具人

如果當事人仍然期待維持這一段關係，或者邊緣型人格者的這種病態表現還不算極度嚴重時，另一個可行的方式，就是在這段關係中，當事人讓自己的位置完全穩固而堅定不移。

而這樣的穩固，一方面除了在關係裡，不該為了對方的無理威脅而妥協之外，也不要因為沉溺在對方的過度討好中，認為自己也該有對等的付出，而改變了自己的立場。

例如邊緣型人格的另一半，在熱戀期，也許會極度討好，自願當工具人，但當事者此時就必須很清楚地理解，健康的親密關係中的付出，是彼此對等的、是以尊重對方的需求為前提而產生的。偶爾的「猜心」也許可以帶來驚喜，但一意孤行的單方付出，實際上，反而是另一種形式的獨斷與操控。

如果這樣的立場沒有守住，最常見的下一步，就是渣男開始將自己所謂的「付出」，由兩人原本應該對等互惠的地位，轉換為一場關係買賣，或者是愛情交易中的籌碼。而**被利用的，是你原本就不該有，但硬是被誘發出來的內疚，**讓當事人在這段關係中，自以為對另一半充滿了虧欠，但實際上是變成了被搾取的一方而不自知。

別試圖當女王

反過來講，如果你能守住自己在這段關係中的立場，清楚自己作為一個完整而獨立的個體，需要的是適時互惠的彼此扶持，而不是單方面的，當一個自己從來就沒想做的女王。

那麼，就算因為踩穩這樣的立場，而常常產生摩擦，讓對方或其他旁觀者對你有「不識好人心」、「無視對方的真情付出」的指責，請你也別受影響，因為通常也只有如此的坦然面對，才有機會讓邊緣型人格者，慢慢透過你的堅定，領會到自身潛意識中對親密關係的扭曲，進而讓他意識到自己內心，原來存在著那種「可能會被拋棄」的想像，並且竟然會因為這樣的想像，衍生出如此強大而非理性的恐懼。

如果夠幸運，邊緣型人格者在醒悟到自己才是彼此之間痛苦的真正始作俑者之後，兩人的關係，才有可能因此產生出改善的契機。

邊緣型人格渣男（三）

你很難抗拒邊緣型人格者對你的崇拜。
他往往是永遠的受害者。

每一段令人投入的愛情，都曾經有過無限的美好與憧憬；而每一個會被傷心人用「渣」來責備的，也很少不是眾人公認的邪惡愛情詐欺犯。

但是在這樣痛苦的關係中，**最讓當事人難以理解的是，其實這裡面從來沒有真正的贏家**。

詐欺犯在攫取了自己所想要的利益之後，最常見的就是飄然而去，邪惡地享用他欺詐而來的豐美果實。但人格違常渣男最常做的，是繼續在這段已經開始腐敗、變質的關係中糾纏不休；想盡辦法，用各種扭曲的謊言和手段，去凌遲這段身邊沒有人看好的關係。

而令更多當事人難堪的是，身邊的人常常會有那種「我早就告訴你了！」「早跟你說過了，你偏不信……」這類的冷言冷語。

「當局者迷」為何是一句屢試不爽的老生常談？其實和形成親密關係的過程中，雙方在自己的內心裡，形塑對方的人格印象時，都有各種程度不一的主觀扭曲，及一廂情願的自我詮釋有關。

人格，是一顆層層包裹的洋蔥

人格，英文personality的來源是拉丁文的persona，意指「面具」、「呈現在外的那張臉」、「戲劇中的角色」。

多數人直觀上認為，人格好像應該由內到外一致，是一種由深到淺的均勻結構，並且理當遵循學校課本曾經教過的各種倫理道德，或者社會認同的行為準則。就算沒辦法完全做到，但我們也該為了讓自己更被喜歡，為了讓身邊的人幸福，致力讓自己更加完美，成為一個「更好的人」。

然而，事實並非如此。

人格的形塑，有生而俱在的基因本質、有從小到大的家庭教養、有無法控制的外在環境，甚至社會、文化、次文化，都會在漫長的成長過程中，影響每一個人，因而產生多樣化的不同人格表現。

它與其說是一顆相對均質的蘋果，不如說是一顆層層包裹的洋蔥。以生命賦予的天性為核心，出生時的養育，為它包上一層，父母至親在童蒙時為它包上一層，學校教育又為它包上一層，無所不在的社會文化，再為它包上一層。

對男性而言，特別是在我們的文化習俗之下，在人格養成的過程中，被給予各種「任務」。例如：「你是男孩子，不可以哭！要堅強！」「男孩子怎麼可以這麼膽小！將來怎麼養家！」而**面對這種種挑戰，人格的洋蔥就會被一層又一層地包裹上各種武裝**。

遺憾的是，在某些人身上，這樣的武裝，很多時候並不友善。

為了去獲取些什麼、為了去爭奪些什麼，這些人格上的各種武裝，有可能會以欺騙、搾取、冷酷，甚至暴力的方式來呈現；而愈是扭曲的人格特質，就愈會讓身邊的人受到傷害。

在朋友間、在求學時、在職場上，這些人格乖離於一般人情義理的病態者，終究會在長期的相處後，被身邊終於知情的人，冠上各種嫌惡的指責和標籤；

而在情感上，這些傷害身邊之人至深的，則常會被稱呼為「渣男」。

＊＊＊

在精神醫學上，有一群特定的人格違常診斷，各自分類、描述幾種因為人格特質，導致個人嚴重的臨床痛苦或社會功能損傷，而被認定為異常。前述彩櫻和筱雨的男友，就和其中的「邊緣型人格違常」的表現十分類似。

依據美國《精神疾病診斷準則手冊》第五版的描述，下述的特殊人格模式中，只要存在五項以上，就很有可能是邊緣型人格違常。

1. 瘋狂地努力逃避任何「被拋棄」的狀況（不管是實際的，或個案自己想像中的）。
2. 人際關係模式緊張而不穩定，特點是在「理想化」和「貶抑」這兩極之間轉換。
3. 認同（identity）障礙：持續、顯著地出現自我形象（self-image）或自我感（sense of self）方面的不穩定。
4. 至少出現兩種類型，會造成自我傷害的衝動行為（如：過度花費、性濫交、物質濫用、危險駕駛或暴飲暴食）。
5. 一再的自殺行為、作態要自殺、威脅要自殺或自殘。
6. 由於情緒反應過度，而造成持續的情感狀態不穩定（莫名的突然不悅、易怒或焦慮，常常幾個時發作之後又緩解）。
7. 慢性的空虛感（feeling of emptiness）。
8. 不適切且強烈的憤怒，或難以控制其憤怒。
9. 短暫的、與壓力相關的妄想意念或嚴重解離症狀。

△你會不會覺得，自己說過、做過的任何事，都會被扭曲，反過來作為指責你的理由？

△你會不會覺得，明明你做的是同一件事，但可以在不同的時候，被對方解釋成完全相反的意思？

△你會不會覺得，很多時候，他可以把你像**女王**般地捧在手心上，但毫無來由地，又可以在下一刻把你貶損得**一文不值**？

你很難抗拒邊緣型人格者對你的崇拜

如果在親密關係裡，有過上述的感受，不妨仔細看看另一半的人格特質，和前述的九個診斷準則中，是否有某些吻合。

邊緣型人格在一般人群中，大約占百分之一至百分之二之間。女性的比例通常比男性多，但不代表著男性就沒有。

這種人格疾患的成因，目前還沒有定論，但先天的神經生理因素、後天的成長環境和童年的精神壓力或心理創傷，都有可能讓邊緣型人格的出現機率大幅提高。

照理來說，人格違常既是一種長期而穩定的病態模式，理應很容易被人發現、會讓人想要避開，或至少對這種人敬而遠之，保持距離才對。但和這類人格違常的患者糾葛不清的例子，卻比比皆是。

多數人總認為自己遇到這種人，一定不會「被騙」，或者必然能看透這類人。但真實的狀況是「善泳者溺於水」。愈是對自己的慧眼深具信心的人，反而愈容易陷入這種病態的關係而不自知。

而最無法逃脫的人性陷阱，是來自每個人對美好的親密關係都想擁有的那種強烈渴求。

情人眼裡出西施，沒有人不希望自己在對方的眼中是最完美的，所以我們在戀愛剛萌芽時，會格外拘謹，會更注意自己的一言一行，連一根頭髮、一個轉身，都希望能完美無缺，呈現自己最好的一面。

即使我們知道這世上沒有完美的人，但我們相信真愛會彌補這中間的差距。一旦真心相愛了，就會化腐朽為神奇，就會填補上我們心中的那股不自信。

但也因為如此，多數人都會防備不真誠的花言巧語，擔心那是偽裝的真愛，所以當追求者有溢美或任何過度的激賞，他們反而會產生難以釋懷的不安，甚至能進一步識破動機不純的愛情騙子。

但你很難抗拒邊緣型人格者對你的崇拜。**原因在於邊緣型人格者根本沒有「說謊」**。

對他而言，你是如此重要的存在

不同於某些別有居心者的巧言令色，邊緣型人格渣男自會以一種獨有的現實扭曲能力，將你推向「全好、全壞」的那個完美極端。

所以他不需要演技，他也不用面對說謊時內在的心虛。在「全好」的階段，你就是他生命中最完美的存在、是他生命中最終極的救贖。沒有人比你更瞭解他、沒有人比你更能觸及他的靈魂深處，也沒有人能夠像你這樣，對他做出如此偉大的付出。

即使你根本什麼也沒做，但只要一個微笑、一個點頭，對他而言，就如同荒漠中的甘霖。

「這太誇張了吧？」幾乎每個人在一開始都會有這種感覺。

但如果你確實曾經付出過一些善意，即使只是禮貌性的互動、一份普通的社交關心，到最後，都會在對方無比真誠的感激中，逐漸被說服；原來對他而言，你竟然是如此重要的存在。

那樣的虛榮，並不容易抵擋。

＊＊＊

而接下來，你更會經歷一段這世上最甜蜜的熱戀期。你幾乎不用任何付出，那種「害怕被拋棄」的心念，自然會讓邊緣型人格者在這段過程中，對你無微不至。

他會打聽你的一切喜好，主動成為你最期待的那個人，出現在任何你可能需要他的地方，呼應你不經意提出的一切願望，就像那個五歲孩子對走失親人的依戀一般。就算你有各種不合理的要求，那也都只會是他心甘情願要去面對的考驗。

他不能失去你／被你拋棄。

「這應該是真愛吧？」從沒有人見過，只出現在浪漫影劇或小說中的名詞，成為你對眼前所發生的一切的最佳解答。

即使身邊的人在這時提出質疑，也很難讓你對此產生動搖。因為別人不是你，他們沒看過渣男看著你的真誠眼神，沒見識過他對你掏心掏肺的付出，也不相信他真的沒想過占你的任何便宜，而只需要你的存在或一句貼心的問候即可（至少一開始交往的時候，是這樣）。

但是，這樣的狀況，不可能恆久不變。

你陷進某種「眾叛親離」的絕境

也許是一句沒有惡意的失言，也許是和另一位異性的無心互動，甚至是為了與某個老友聊太久、不經意忽略對方，都可能在瞬間，打碎這份你以為是天上掉下來的真情摯愛。

而且更糟的是，往往在這一天來臨之前，多數人都已經讓自己陷進了某種「眾叛親離」的絕境之中了。

身邊可以支持自己的朋友、可以提供喘息的人際關係，在和渣男糾纏日深的過程中，常常已被自己推向了冷漠的遠方。

這種當事人的生活，逐漸被邊緣人格者破壞、轉化的現象，**一部分來自邊緣人格者以愛為名的關係搾取，另一部分，則來自我們對親密關係一些約定俗成，但並未認識完整的錯誤信念。**

第一種信念是：「在愛中，我們要彼此付出，彼此負責。」

聽起來似乎沒錯，但多數人沒有深究的是，這種信念裡的「彼此」，是一種在人格、尊嚴層次上的相互對等。

並不是你出三千元，我也要出三千元的那種等價交換。親密關係的兩人，不可能是鏡像映射的雙胞胎，可以兩人同挑一擔水就出同樣的力，或一定要以己之長，補對方的短，那是在真誠地相互瞭解後，互相磨合，最後才能達到的互補。

而且，磨合必然是先有磨，才能合。既然有磨，自然也會有痛。完全的靈魂契合、全然的無痛結合，那是愛情神話。

只有在真誠相待的前提下，彼此做出不違背本性的最小妥協，因而穩定而長久地在一起時，可以互相付出、彼此負責的和諧親密關係才有可能產生。

但邊緣型人格的做法，完全不是這種狀況。

他先是病態地扭曲自己的視角，不去真誠地瞭解對方、表達自己，反而將對方「完美化」，並因此投射出令人動容的「傾慕」以外，**還同時為了逃避自己意識深層對「被拋棄」的恐懼，將自己形塑為全然付出的工具人**。

以愛之名，將這樣的付出潛移默化成為對方「欠下的情債」，那和硬塞給他人一大筆財富，等人家失去戒心花用之後，才告訴對方，這是一筆高利貸一樣。而這也就是所謂「關係搾取」的真正面目。

- 「我這麼愛你，所以才吃醋。你如果也愛我，就該和那些人斷絕往來！」
- 「你明明是最瞭解我的人，怎麼可以不知道我會因為他而生氣?!枉費我這麼相信你！你如果瞭解我，就會知道不可以和他靠那麼近！」

很多時候，當事人會因為這類反射性的信念，認為「他為了我做那麼多，所以我也該為他做些事」，因此落入渣男的陷阱中，成為他的籠中鳥。

●●第二種常見的信念是：「真愛應該包容、接受、是無條件的愛（unconditional love）；他就是因為受傷太深，才如何如何……如果讓他瞭解他的指責是錯的，讓他知道這些是誤會，知道我的真意，那麼問題就能解決了。」

其實，包容不是縱容，接受也不是忍受，無條件的愛更不是無限制的溺愛！

邊緣型人格的另一個常見特色，就是他往往是永遠的受害者。

如果我們理解這種病態人格傾向的特性，知道他會將過去的種種，都歸類在「全壞」的陣營，這樣的受害者自我中心，也就不難理解。也就是因為這種歸因的視角，完全來自人格偏差所產生的認知扭曲，所以幾乎任何與邊緣型人格之間，關於責任義務、誰對誰錯的辯論，都會變成一團顛三倒四的扯爛汙。

除了不斷被責備、受傷之外，最後甚至只能無限制地自我退讓，變成對方任意施加各種情緒勒索的受害者。

邊緣型人格渣男（四）

不是全黑，就是全白的扭曲特性。

再美麗的夢，總也有清醒的一天，更何況與渣男的關係，最後幾乎都只會淪為令人急於清醒的噩夢。

但如果你仍然期待這一段關係，這並沒有什麼好自責。對人性抱持信心，對愛充滿希望，那都是你靈魂中足以自豪的光明面。

若你無法承受那樣的痛苦，決定結束這樣的關係，那也是你應有的權利，並不會因為這樣，就虧欠了別人什麼。

但不管打算站在哪一邊，**你最終都要為自己下決定**。只有這一點，是非你一人完成不可，沒有任何人可以協助。

由於長久和渣男在關係中糾纏，通常，這時候的你，已經筋疲力盡了。

與邊緣型人格的渣男相戀：

△會讓你認為自己該為關係中的所有問題負責。（但迴避掉他也有責任的部分。）

△會讓你相信他的問題行為，都是你造成的。（但忽略掉他的每個行為，都是他自己下的決定。）

△還會利用你相信的所有人性的美好，所有對愛、對無私的信念，反過頭來剝削你，讓你為了改善這段關係而心力交瘁。

如何拿回生命的主控權？

這樣的你，該如何拿回自己生命的控制權？

我建議，這時一定要先確立一個核心的認識，那就是，所謂的愛情，兩個人的親密關係，甚至最終進展到結婚，它必然是雙方共同合意、在法律規範下，彼此為了共同生活為目的，而一起經營的兩人關係。

既然是兩人，既然是「合意」，若沒有**定位好彼此的位置**，任由一方全然地掌控解釋的權力，就會連腳步都不可能站好，更不用說向前邁進，而兩人的關係，也永遠不會穩定。

任何一個重新定位、認清兩人關係的時刻，都是對自我的重要檢視。

但要如何開始？在這裡，我建議可以認真地審視內心：

一、問自己，我為什麼會淪落到如此的位置？

例如，認真回想你們之間如何開始產生不滿，他如何開始對你指責、要求？而你又是如何開始內疚？

二、想想在這樣的關係裡，我有沒有發現到自己的內在需求是什麼，我怎麼定義「愛」？

我是因為他自願當工具人的某些行為，讓我當時有了小鹿亂撞的感受嗎？所以我其實真正需要的，是一個僕人？如果不是那樣，那麼，我動心的、期待的會是什麼？

三、當我自認受委屈時，我為什麼沒辦法為自己爭取？

是什麼東西擋住了我？只是單純的懦弱和恐懼？還是我對他仍然有著期待？仍然有些東西，會讓我害怕失去而不敢反抗？還是我內心有著某種程度的內疚？是不是我毫不懷疑地接受了他對彼此關係惡化的所有解釋？

四、在這段關係逐漸形成、敗壞的過程中，我做了什麼樣的選擇？

現在回頭來看，這樣做，是對的嗎？當他懷疑我的人際關係時，我在和他爭執之後，是很快選擇妥協，選擇完全照他的要求去做嗎？這樣讓問題改善了嗎？我有因為這樣，再度被他信任，還是這反而成了關係剝削變本加厲的開始？

五、在兩人關係裡，我的責任是什麼？我該做些什麼？

「你如果愛我，就應該接受我的……要求」，這樣的語句是對的嗎？這真的是我的義務或責任？**那麼，我可不可以反過來說：「如果你愛我，你就不會這樣**

要求。」但若我對他這樣說，他會不會反而大怒？

這樣的反省，不是讓自己和對方針鋒相對，也不是與對方吵架的「指引」。事實上，**前述的這一切，並不適合與對方共同討論，而是一個提供你自我反省的歷程和契機**。

更重要的是，因為那是一個自我內在的檢視，因此不需要考慮任何不經思考，就自動在內心跳出來的教條或「應該」。我們需要檢視的是內在深層對關係的渴求，而不是自己在理想中，施加給自己的任務或期待。

- 「我怎麼會貪圖擁有一個工具人？那是不對的，我『不應該』有這種想法……」
- 「我得不到家庭溫暖？我只是想找個避風港？我哪有那麼依賴？……」

任何扭曲的兩人關係，都可以映照出彼此性格中的弱點

如果不承認自己內心有著物質需求上的匱乏，也就很難領悟為何名貴的禮

物，總是很容易打動自己的心。

如果不承認自己在原生家庭中的被遺棄與挫敗，也很難理解為何追求者總是可以用各種「小貼心」，來讓你輕易上鉤。

任何扭曲的兩人關係，都可以映照出彼此性格中的弱點。被邊緣型人格者搶走關係詮釋權，固然不對，但反過來一味地指責對方，也不是我們的目的。

每一種「理想」、「夢想」，都多少寄託了一點不切實際，這也是愛情可以成為各種傳奇故事核心的主要原因。

自我改變，不可避免

直面自己的內心，才能做好和渣男攤牌之前的準備。在面對有問題的關係時，不管對方的人格型態是什麼，**最重要的第一步，永遠是「照顧好你自己」**。

當你開始能夠誠實地審視自己的內心之後，接下來，要理解和面對的一件事是：如果要改變兩個人的關係，不管是維持、改善，或是斷捨離，某種程度的自我改變是不可避免的。

除非你堅持自己是完人，在關係中完全沒錯。當然，如果這正是你所想的，那麼，對於你們兩人之間親密關係的最真實描述，只怕是你和帶給你痛苦的那位渣男，你們兩人棋逢敵手。因為你們兩方都認為「問題完全出在對方」，這最後只會帶來一場無解的僵局。

而且不管是否是僵局，更重要的是，**人格違常之所以是違常，你幾乎沒辦法輕易改變他的自我中心，更沒辦法讓他願意去接受改變**。他有他的意志，而你能做的，也只有從自己的改變開始。

確認自己的價值和信念

改變自我的第一步，從之前的自我省思做起，接下來，要做到的，是確認自己的價值和信念。

你可以選擇完全擁抱自身所有的內在渴望，那沒有什麼不對。例如，我就是覺得另一半要完全承擔賺錢養家的責任；我就是覺得他該隨時做我的騎士、為我而存在。如果這就是你選擇的價值和信念，那麼，誠實地面對，並做好以此為基點，和他人、和這個世界，做開誠布公溝通的準備，並且坦然準備承受一切可能因此而產生的後果，這也是個很重要的改變。

別以為這樣做，沒有改變什麼。

如果，前階段的自我檢視中，你曾認真地思考過彼此親密關係的變質歷程，那麼，**你通常都會發現，自己一定在某個質變的過程中，選擇了掩蓋自身的需求。**因此光是「不再掩蓋」、「不再妥協」，打算光明正大地告訴這個世界，「這就是我」，那就已經是一個很巨大的自我改變了。

但一般人通常不會有這樣的狀況。全然地順從自己內在的需求，那大概是嬰兒時期才有辦法做到的理直氣壯。多數人會在自我反省的過程中，一方面看見自己極少認真深刻思考過的，在親密關係中的個人需求，但也會在心中，出現一個「更好的我」的形象。期待或相信自己並不自私，肯定或認同自己更願意在關係中付出，而那些，我們稱為親密關係中的個人價值與信念。

既然是價值與信念，那麼，就沒什麼絕對的是與非，你甚至可以選擇三從四德，只要自己看清背後需要付出的代價，和這種關係裡，先天架構中的極度不平等，並且甘心接受，那麼，也沒有什麼不好的。

但或許你也可以選擇更平等一些，衡量一下，如果要關係長長久久，什麼樣的位置、什麼樣的付出與需索，是你可以承擔及接受的。

也只有在確認這樣的價值和信念，才能以這個作為基礎，一方面尋求支持與資源，另一方面，讓自己更能站穩腳步，與對方溝通。

尋求外在協助者

為什麼在與對方溝通之前，要以自己的價值和信念為基礎，尋求支持與資源？

原因在於，不管個人如何地自我反省、如何地體悟，這世上沒有完美心智的人，而受限於自身的人格缺陷，我們看事情總是有一定的盲點，特別是自身的事。

如果再加上人格偏差的另一半在兩人關係中翻攪，這時就彷彿共同落水，但不幸綑綁在一起的兩人一樣，若沒有一個在岸上的第三者給予協助，最常出現的狀況，就是兩人之間不斷地拉鋸，最終只有同時滅頂的這個結局。

所以，**找尋認同你價值和信念的外在協助者，也是絕對必須的**。他可以幫忙你澄清現實，因為當局者迷。**渣男顛倒是非的能力，永遠需要旁觀者，協助看清。**

外在協助者也可以提醒你，不要陷入渣男不穩定人格下，所製造的各種關係陷阱。畢竟曾經擁有過的美好過去，再加上邊緣式的瘋狂追悔，當事人會很容易如同愛情上癮者般，因為意志不堅，而再度淪陷。這時，一個隨時可以協助提醒的旁觀者，常常可以適時地幫忙踩煞車。

設下保險機制

最後，你也需要協助者幫忙你設下某種形式的保險機制。

邊緣型人格的特性之一，就是情緒上的大起大落，若合併藥物、酒癮，那麼，各種暴力或危險行為的出現，都不是什麼不可能的事。適時尋求外在協助，以確保安全，更是處理和渣男之間關係的重要措施。

但這個世界上有一萬個人，就會有一萬種價值和信念，你在確認自己的選擇之後，通常只能尋求認同你，或至少要接受你的價值者的資源與協助。

一個女性主義者，在四周都是傳統禮教束縛的社會中，註定只會感受到眾人異樣的眼光與歧視。但同樣地，一個只求尋得「良人可以仰望終生」的小女人，也很難不在相信人人都該努力追求自我的群體中，被安上懦弱的標籤。

尋求心理專業協助

- 「男人都這樣啦，你看開點就沒事了。」
- 「你不忍耐，怎麼辦？小孩需要個完整的家啊！」

如果很不幸地，你身邊原有的關係，都在這段令人痛心的愛情中被破壞殆盡，或者你身邊的人，幾乎都陷入某種與你格格不入、讓你巴不得從中逃脫的信念中，甚至成為讓你遭受剝削的幫兇……通常，這時找尋適當的心理助人專業，會是很好的選擇。

因為不管是協助親密關係受暴者的專業團體、受過良好訓練的社工、臨床／諮商心理師，或者是精神科／身心科醫師，專業助人者的立場都是以「不預設價值」、「不任意批判」為核心的信念，並依此協助、發掘求助者的潛力，幫忙受困者度過生命困境。因此，不管能不能找到身邊親近的、熟識的協助者，這些專業都會是在你尋求支援時，很好的求助對象。

當你已經得到初步的支持，確立自身的價值與信念後，在改善關係的努力方向下，接下來，至少要做到的，有以下三點：

一、除了已經確立與自己同盟、具有協助關係的「盟友」之外，不要太在意他人對你的評價。你對自己的價值和信念，要有絕對的信心。

二、界限（boundary）清楚。所有的施與受，自己能夠，以及不能夠做到的，要有一把很清楚的尺，而且能在溝通中，用有效的方式表達。

三、不要成為他人依賴的對象。不要讓自己承受以愛之名，所產生的任何形式的關係剝削或情緒勒索。

學習設定界限

價值與信念的部分，如果仍然有所動搖，或者在調整親密關係的過程中產生自我懷疑，與協助者或助人專業詳細討論，是絕對必要的。而在堅定信念、確立價值之後，接下來，最重要的就是界限的設定。

派翠西亞．伊凡斯（Patricia Evans）在她的著作《言語暴力》（*The Verbally*

Abusive Relationship，一九九六）一書裡，提到幾個合理的界限設定，包括：

1. 人在關係中，有權得到情感上的支持、鼓勵和正面的善意。
2. 每個人都該在彼此尊重的角度下，被適當地傾聽與回應。
3. 即使彼此的觀點不同，但每個人都可以有自己的觀點。（觀點可以溝通，但不能凌駕他人。**自己的觀點，只能自己遵守，不是拿來當成奴役別人的工具**。）
4. **個人可以有自己的感受和經驗，不必爭論誰的才是「正確」的**。
5. 人都有過自己想要的生活的權利。（這不代表別人一定要配合你。如果你想要的生活，會讓身邊沒有人跟你作伴，那也是你的選擇，別人要尊重，而你則要承擔這種選擇的後果。但，你可以有權利做這樣的選擇。）
6. 人有權利免於身心虐待。（任何情緒上的虐待都是不對的，更不用說身體暴力。）

這樣的描述，也許讓人覺得抽象，不過，這裡有一個很簡單的判斷方式，再參考上述的幾點，來審視自己的界限，那就是**注意自己在人際關係中，造成你負面情緒的事件引爆點**。

讓我們想像一個虛擬的情境：假設你現在的工作，在內容上其實很有彈性，同事的業務就算和你的對換，通常你也覺得完全沒有差別，所以一直以來，如果有同事想和你商量調整，你都是來者不拒，有求必應。

但很不幸地，就有這麼一次，一位白目的同事，在完全沒知會你的狀況下，把你們兩人的業務做了交換，然後事後才通知你。

這時候，你腹中升起了一股無名火。雖然為了辦公室和諧，你隱忍不語，但你心中實在覺得難受……

我們可以有很多種角度，拿很多理由來解釋你的憤怒。也許你在意的，會是自己沒有受到足夠的尊重；或者你更在意的，是要擁有足夠的自主權；更有可能是，你在理智上完全明白不管對方問或不問，最終的結果都會相同，但你仍然在意自己這樣的感受，你覺得沒有被認真對待……

事實上，這些理由，可以**用一個很簡單而整合的解釋來看待，那就是你的「界限」被侵犯了**。

透過寫日記，找尋情緒引爆點

用情緒引爆點的觀察來找尋界限的方式，我建議不妨透過一些方法，例如寫日記，在找尋自己內在的需求上，也會比想像中來得有用很多。

因為在和受害者對話時，常見的一個狀況是，受害者通常只能很抽象地描述自己的情緒，但無法具體地舉例說明，到底對方是如何引起自己的怒氣。

但這時，試著讓受害者寫下生活中的點滴細節，就很容易讓人想起特定的事件。有時是不明不白，或不公平的被對方指責；有時是自己的需求、感受被曲解、被否定，甚至是任何你自己不是很清楚的原因，但就是當時的某種態度、某類的眼神，讓你非常的不自在……

重新再來一次，就像反省自己、找尋自我價值和信念的過程一樣。我們在這樣的情緒中，慢慢發掘出自己在意的界限。這有時需要朋友、旁觀者的幫忙，有時需要心理專業的協助。

與邊緣型人格溝通，兩個注意事項

不過，在發掘和設定界限的過程中，最常出現的抱怨是，渣男常讓人覺得，對方才是一個比你更高明百倍的劃界限高手。他隨時可以變動規矩，用各種不同的理由，為自己的要求尋求正當性……

但這也是在設定界限時，一個最常犯的錯誤和曲解。界限不是法律，界限更不是道德。它其實是一個主觀個人需求的倒影，因此沒有絕對的是非對錯可言。

需要計較的，只有親密關係中的兩人，能不能真正地理解和尊重對方，並且在心甘情願的狀況下接受，協調出一個可長可久的共同生活模式。

而在瞭解自己、清楚界限的位置後，兩人關係需要面對的最重要一步是溝通。一種誠實、願意互相理解、彼此尊重的真正的溝通。

溝通的方式，是一門非常深厚的學問。即使看遍了坊間所有講溝通的書籍，但很多時候，我們在面對一般人時，還是常有無法順利交流的時候，更不用說面對可能有著邊緣型人格偏差、難以溝通、自我中心、扭曲現實的另一半了。

求助於專業的伴侶諮商，幾乎是絕對必須的。如果你最終的目的，是希望彼此都能改變，並進而修復這段關係。

但在溝通的眾多重要原則裡，有兩個與邊緣型人格高度相關的溝通注意事項，值得當事人時刻提醒自己，銘記於心。

一、認清對方言語中的攻擊，是基於他自我中心的眼光中所呈現出來、經過扭曲後的現實。

而聽者，要**盡量避免落入對相關的「現實到底為何」的爭辯與糾纏之中**，應將焦點放在彼此當下的情緒認知上，並針對情緒來加以討論。

二、謹記邊緣型人格不是全黑，就是全白的扭曲特性。

我們在溝通時，必須針對這一點，**盡量提醒對方，在非黑即白之外的各種可能性**，讓對方不要一直沉浸在極端的思考和衍生出來的極端情緒之中。

＊＊＊

讓我們這樣想像：如果你是個四肢完好健全的人，當你面對「殘廢」的咒罵時，幾乎可以確定，你不會有什麼怒氣產生，反而更多浮現的情緒是一種莫名其妙。但如果咒罵的言詞是「智障」、「醜八怪」，就不然。

因為四肢到底有沒有殘廢，是很客觀的事實，我們可以相當有自信地分辨出像「殘廢」這樣的歧視性言語，是不是適用在我們身上。

但「美／醜」、「智／愚」，就不是那麼好劃分。這些概念，有很大的成分，需要他人的認同、要和他人做比較，也就是說，我們的感受，會無可避免地，要仰賴他者的觀點。

而多數人也因此沒辦法在這些議題上，有著絕對的自信。所以，**這類的言語攻擊，會很容易讓我們產生情緒反應**。

別與邊緣型人格者爭辯

如之前所述，邊緣型人格的特性之一，是會將眼中的現實，打進極端的好或壞的情境之中。通常進入了「壞」的階段，我們所有的言行，都可以被他惡意地曲解和攻擊，而我們一般的反應，也會直覺地想用爭辯的方式，來扭轉這樣的攻擊或指責。

但這樣的做法，往往只會讓怒氣在兩人之間反覆循環，完全無助於達到我們真正期待的交流與溝通。

比較好的做法，是將焦點放在承認及認知到對方的情緒。

「你又加班了！早加、晚加，每次都跟你學長在一起，你是怎樣！不怕人家說你倒貼嗎?!看不起我，嫌我錢賺不夠多嗎？……」

你可以看到，短短一段話，把偶爾的一次加班，用一個「又」字說成了常態。全辦公室的人都在，卻聚焦在一個學長身上，還直接宣判莫須有的「出軌」，連嫌貧愛富的理由和動機都自動安裝上去了，這是常見的邊緣型人格者指責的語句。

如果你因而捲進「什麼才是真正的『現實』」的爭執中，幾乎可以預見這樣的溝通，不會有好結果。

「我知道你不喜歡我加班，其實我也很討厭，今晚全辦公室的人都罵得要死。我也很清楚你不喜歡我那個學長，每個人都可以對別人有不同的看法和評價，或許你是擔心，別人眼中會有『倒貼』什麼的閒言閒語。**這樣的擔心，我當然尊重，雖然我沒有這種想法和感覺，也還沒聽到有人這麼說**。至於錢少、錢多，**我知道你一直想要有更高的收入，也認為那可以決定一個人的價值，但我並沒有這樣的想法。**」

當然真實世界裡，對話不可能這麼理想而簡單，但上述的回應原則和溝通方式，在和邊緣型人格者的交流裡，比較可能達到溝通的目的。

回應邊緣型人格者的情緒和感覺，不爭辯現實

因為主要的焦點，在回應對方的情緒和感覺，並不是在搶奪彼此對「現實」的唯一詮釋權，並且用一種非指責、非否定的方式，陳述自己對「現實」的不同觀點。

而另外一個要點，就是**在對方認定的「壞」的現實中，技巧性地放進相反的現實**。

就像一開始「其實我也很討厭」的這個回應，除了在情緒上表達出和對方同調的情緒之外，也將對方語意中「你愛加班，因為你想外遇」的指責，轉為「我也有可能並不愛加班」的陳述。

「如果你愛我，就該體諒我工作的辛苦！只不過逢場做戲，有需要這樣大驚小怪嗎?!」邊緣型人格者可能這樣說。

「也許有很多人，可以接受所謂的靈肉分離、逢場做戲，但也有些人完全沒辦法接受，我就是那種沒辦法接受的人，那樣會讓我非常受傷。」

以上的對話，也是另一個類似的例子。

將邊緣型人格非黑即白的視角，拉回灰色的現實中

因為這樣的對話，提醒了沉浸在極端解釋、極端「道理」，並且以此威脅、指責另一半「不夠體諒」的渣男，**告訴了他們，其實這世間，還存在著被他刻意忽略了的不同觀點，也清楚地說明自己的界限所在**。

認知到對方所說的確實是某種「現實」（逢場作戲被接受，是一種可能性），但同時提醒另一種「現實」，也可能並存（那就是一定也有人完全不接受這種事）。盡量將非黑即白的視角，拉回到充滿灰色、需要被適應和彼此調整的真正的現實中，才有可能讓彼此的溝通，進入討論和達成妥協。

以上的溝通方式，特別是對自我的審視、對界限的釐清，並不只是針對特定的人格違常，在多數親密關係產生問題的當下，都是可以拿來參考的方法。

而這在本書最開始的時候提出來，也是提醒讀者，在接下來所有類似的渣男身上，上述有很多的原則，都是很重要的參考指標。

與邊緣型人格者分手，艱難又危險

可惜的是，實際面對這些扭曲人格所帶來的痛苦關係時，就算在最有經驗的心理治療師協助下，多數的溝通，也並不會如此的理想化和順利。很多人最後會因為認知到彼此不可能為對方改變，而選擇結束這段關係。

雖然對旁觀者來說，合則來，不合則去，似乎是最簡單而又對彼此有利的原則，但**對各種人格偏差的人來說**，這樣的分手宣告，**只要不是由自己主動提出的，都會是一種極嚴重的失落與挫敗**。對於無法承受各種實際或想像中的被拋棄的邊緣型人格者而言，尤其如此。

這也使得如何與邊緣型人格者分手，變成一個極度艱難而又危險的任務。

事實上，面對任何一種類型的爛男人，分手都不會是件容易的事。

這部分分手的藝術，在之後的文章裡，我們會獨立用專門的章節，做深入的討論。

自戀型人格渣男（一）

他會對你「付出」，但付出背後彰顯的，是個人自戀的倒影。言情小說「霸道總裁系列」真人版。

第一次在身心科門診見到曉欣，她是個從一流大學畢業的高材生，轉變為工作小有成就的小主管，再淪為被親密關係折磨到身心俱疲的小女人。曉欣的身上輾轉被冠上各種疾病名稱。胃食道逆流、心臟二尖瓣脫垂、過度換氣症侯群、憂鬱症、焦慮症、自律神經失調……這樣落落長的病史，就算再有經驗的精神科醫師，也很難不給她一個診斷。畢竟該有的心身症狀，曉欣無不符合。

但整個問題的全貌，在見到曉欣大男人到了極點的丈夫之後，卻有了一百八十度的大轉彎。

「醫生，我看之前那家醫院的SSRI（一種抗鬱劑）沒什麼效，有沒有什麼針對多巴胺的藥物？我覺得她認知功能有下降的現象，要不要做個functionalMRI（功能性磁振造影）之類的？自費也沒問題！」

乍聽之下，我還以為曉欣的丈夫也是個醫師。但似是而非的論點，湊上多而無當的英文術語，再瞥見一旁曉欣尷尬的樣子，顯然這樣的狀況，並非偶一為之的失禮，而是曉欣丈夫的常態。在支開丈夫，而和曉欣深入會談後，一個長期遭受自戀式凌虐（narcissistic abuse）的典型故事，清楚地浮現在我眼前。

強大的自信

作為一個學霸高材生，第一志願的高中、全國第一的理工科系，曉欣丈夫資優生的身分無庸置疑。

但與其他書呆子不同的是，曉欣丈夫身上彷彿天生帶著一種強大的自信。從對政治人物的嬉笑怒罵，到對身邊人事精準無比的冷嘲熱諷。充滿機鋒的冷面笑匠風格，迷倒包括曉欣在內的社團學妹們。

然後不知怎地，丈夫就是挑中了曉欣，那句「也只有你這樣的女人才配得上我」的告白，和之後各種充滿自信與男子氣概的海誓山盟，讓曉欣很快就在熱戀後，和丈夫步入了婚姻。

遺憾的是，兩人的關係在婚後明顯地走樣。或者更精確地說，其實所有的事情在婚前就已經有相當多的徵兆，只是曉欣從沒想過，兩人相處之間的那份違和感，除了是自己多心之外，是否有另一種可能。

言情小說「霸道總裁系列」真人版

曉欣的丈夫在婚前就很有主見。這在一群理工宅男裡，是一項相當少見的特質。舉凡該去吃些什麼，該去哪裡玩，買什麼衣服才有品味、質感，丈夫都有自己的一套看法。

在熱戀時，曉欣還能自嘲，這彷彿是言情小說霸道總裁系列的現實真人版，甚至暗自慶幸不用因為自己的優柔寡斷，招來女人連午飯要吃什麼，都無法決定，真是難搞之類的批評。但當兩人的生活出現更多交集時，曉欣開始發現自己的意見，也變成了被嘲笑、貶抑的對象。

不只是在生活瑣事上，曉欣的所作所為都飽受丈夫的嫌棄、嘲弄。從穿著打扮到曉欣的閨中密友，甚至連工作上的同事及自己所專注努力的事業，也都是如此。

一切都從「既然你是我的女人」之後開始。

- 「你那什麼衣服啊？把自己搞成黃臉婆，都是我的人了，有點品味，行不行？」
- 「你那點鳥工作，幹嘛想那麼多？沒了你，地球就不會轉了嗎？我一個專利出來就是公司幾千萬的獲利，看過我像你這樣搞的嗎？沒那個屁股，就別吃那個瀉藥……」
- 「那群人就是一堆八婆，你可是我老婆。跟那些沒格調的人混一起，難怪腦袋裡都裝些沒營養的東西。」

沒錯，曉欣是網購了幾件便宜的衣服，但那也是為了省錢、方便，也兼顧家庭，因為曉欣已經無法像單身時，有較多時間逛街。

丈夫的理工專才確實可能有很亮眼的成就，但眼前可還一事無成。如果不靠曉欣盡心在她的那份工作上賺錢，家裡的開銷，也不是那麼好打平。

更不用說曉欣的手帕交了，多年來，作為她吐苦水的對象，被丈夫貶抑、只能在柴米油鹽中折騰的曉欣，除了和她們說些生活家常，又哪還有什麼「高級」的東西，可以拿來和朋友們閒聊？

「不成功」的外遇事件

最後，在一次「『不成功』的外遇事件」後，曉欣徹底崩潰了。

丈夫在公司裡，竟然熱烈追求一位女性同事，但對方知道丈夫已婚的身分，因而斷然拒絕。沒想到，丈夫仍然死命糾纏、騷擾，導致對方直接找上曉欣。

但真正離譜的是，丈夫確實因為這樣的事情被揭發而情緒失控，但**他的焦點，竟然是「自己怎麼可能被拒絕？」以及指責曉欣「怎麼可以看到她丈夫被人侮辱，還站在外人那邊？」**。

＊＊＊

依據美國《精神疾病診斷準則手冊》第五版的描述，有一種人格違常的特性，和曉欣丈夫的表現非常相似，它是「自戀性人格違常」（Narcissistic personality disorder）。

以下的描述，只要符合其中五項，就很可能患有「自戀性人格違常」。

1. 對自我重要性（self-importance）的自大感。如誇大成就與才能，在不相稱的情況，期待自己被認為是優越的。
2. 專注於無止境的成功、權力、顯赫（brilliance）、美貌或理想愛情等幻想中。
3. 相信自己的「特殊」及獨特，僅能被其他特殊或居高位者（或特定機構）所瞭解，或應該和這些高位者有所關聯。
4. 需要被過度地讚美。
5. 認為自己有特權。如不合理地期待自己有特殊待遇或別人會自動地順從他的期待。
6. 在人際上顯得剝削。如占別人便宜，以達到自己的目的。
7. 缺乏同理心：不願意去辨識或認同別人的情感與需求。

8. 時常妒忌別人或／且認為別人是在妒忌他。

9. 顯現自大、傲慢的行為或態度。

「我」是如此美好，所以，我的一切行為一定也很美好

綜合來看，曉欣的丈夫很符合這些標準，是狂妄自大、自我中心的渣男。但多數人只有在事情發生，或長期相處之後，才會理解到這種自戀男的本質。因為**在熱戀時期，這些令人厭惡的本質，會以一種全然不同的面貌，呈現在你眼前。**

一位自戀特質非常明顯的已故作家，在解釋他洋洋灑灑的愛情史時，曾有類似這樣的名言：「你不敢去追求、不好意思去搭訕，因為你愛自己的面子，多過愛對方。我就不會這樣，我的愛情勝過我對面子、地位的愛好。」

乍聽之下，這樣的追求宣言是何等地浪漫與大氣磅礡，彷彿一位愛情至上的騎士，正準備為了他的公主勇敢出征；但只要從自戀的角度來解讀，就可以發現，這也只是把溫柔敦厚、不好意思隨便打擾他人的美德，硬是解釋成膽小懦弱，並且還將滿足自身欲望的行為，以愛之名，冠上了勇氣的標籤而已。

這就是自戀者標準的言行之一。由於「我」是如此美好，因此，我的一切行為一定也是美好的。他也只看得到他所自認的美好，並用這樣的自信來迷惑你。

他的付出，是因為自戀

自信一向是種優點，也是很多成功者、領導者所共同擁有的特質。但那樣的特質在領導者身上之所以能存在的前提，是自身的實力，以及對自我深刻理解後，反映在外而產生的一種人格魅力。

但自戀者的自信不是，它更像是一種失去理性，如發狂般忘我、盲目信仰的宗教。

因為是宗教，所以現實的實證並不重要，一切都是他說了算。也由於是信仰，更不容任何的質疑，而他自己，就是這個宗教裡唯一的神。

也如同多數誤入邪教的信徒一樣，一般人對於親密關係的追尋，是一種以善為出發點的交流需求。我們當然期待從這樣的連結裡，求得幸福與平安，但邪教只會用各種虛假的承諾，來騙取信徒的犧牲奉獻。

自戀人格型渣男當然會在追求的時候，做出相當程度的「付出」，但那種付出背後彰顯的，只是個人自戀的倒影。

△他當然會幫你買宵夜，因為你哪裡有能力決定吃，或不吃東西。

△你哪裡有足夠的品味，去點最「適當」的食物。

△既然，他是能者，那麼多辛勞一點，也是合理的。但是，**這種「多勞」的決定權，完全在他自己的身上，也只能在他自己的身上，那是他給你的恩賜，**所以，他也隨時都會收回。

自我貶低與自我懷疑，做各種「補償」

自戀人格型渣男的獵物，往往在建立一定程度的信任感之後，或者說，在被他們自戀式的無窮自信所催眠成功後，會開始屈居於自我貶低與自我懷疑的弱勢地位裡，不斷誠惶誠恐地做著各種「補償」。

- 「他這麼有才華，當然身邊會有崇拜他的小學妹。也許他說的是對的，我自己心裡是髒的，所以才會把別人看成髒的，我太任性、自私了……」

•「我怎麼可以懷疑他？難怪他生氣。只是叫我先背頭期款而已，他那麼有信心下一筆工作獎金就快到手了。我不出來幫忙，實在太無情無義了……」

這是不是讓我們聯想起前文提到的「5.認為自己有特權。如：不合理地期待自己有特殊待遇或別人會自動地順從他的期待。」以及「6.在人際上顯得剝削。例如：占別人便宜，以達到自己的目的。」？

這兩個自戀型人格違常的行為描述，是自戀凌虐（narcissistic abuse）在親密關係裡，很常見的表現。

就字面上看，很難理解有人會容忍這樣的行為，但實際的情況裡，**自戀者會用各種華麗的藉口，配上各種雙重標準，解釋並強調自己行為裡所有可能的善，與正義。**

這樣的狡辯解釋，並沒有想像中的難。

花錢，可以是揮霍，也可以是大方；不花錢，可以是節儉，當然也能說是吝嗇，定錨點完全取決你打算用什麼樣的角度和標準。

而人類的理智，在**以愛為名的各種包裝**下，很少能在第一時間就看出這其中的虛假，更不要說自戀渣男那種充滿自信的嘴臉，甚至幾近暴怒的「義正詞嚴」，會讓受害者忍受自戀凌虐而不自知。

不接觸法則，識破渣男伎倆

如果兩人的關係，還沒到千纏百結、難分難捨的程度，我建議一個簡單的方法，可以輕鬆看出誰是誰非，那就是三不政策中的「不接觸」。

不接觸法則（No Contact Rule）**很常被拿來作為親密關係分手時的建議**，操作起來，有很多要注意的地方，但在這裡，我們只是作為一個測試，還不需要用到太複雜的手段，只需要理解一個原理：

如果兩人關係中，我是如此地累贅、如此地拖累彼此，那麼「不接觸」，應該會讓你好好地鬆一口氣？

但實際的狀況是，只要你讓兩人關係開始降溫，幾乎毫無懸念的，自戀人格型渣男很快地就有劇烈的反應。

也許是指責你意圖背叛，也許是卑躬屈膝地道歉，或者是精心設計各種浪漫的橋段，回頭來告訴你，他有多愛你。

但這時只要仔細審視，特別是專注在這些行為背後所潛藏的自戀痕跡時，你會發現：

△暴怒的指責，背後一定會牽扯出「我是如此地好，你怎麼可以視而不見」

的**憤怒**。

△而卑躬屈膝的道歉，也可以看到「我是如此地高尚，所以才會願意做出這麼有智慧的行為來安撫你」的**自我標榜**。

△至於再一次浪漫地求愛，其中，更深藏著「我是如此地深情，我是如此一個好情人，也只有我才能編排出這麼浪漫的劇本」的**驕傲**。

但**真正的重點，只有一個：他，才是這段關係中真正的受益者**；不管他對這段關係的渴求，安上了什麼樣的藉口與辯解。

不過，如果這段關係已經有著更深的連結，例如兩人已經結婚、已經有了小孩，或者有了很多生活、經濟等各方面的糾纏時，「不接觸」的做法就有了很多操作的困難度。

而且更糟的是，自戀凌虐在這樣的狀況下，會以更複雜多元，但又隱晦的方式，呈現在關係之中。

自戀型人格渣男（二）

表面上看起來歷經數年的深情守候，其實只是他內心深處的不甘，無法接受失敗。

我對青少年精神疾病不算專精，但在同業的請託下，我第一次見到了十八歲，考上大學半年的小草。

小草是很清秀、漂亮的小女生，但伴隨著典型的重度憂鬱症狀，她情緒低落、體重下降、喪失各種動機與興趣，幾乎完全拒學，也完全沒有任何新鮮人對大學生涯的嚮往與憧憬。

束手無策的小草母親只求小草能夠正常吃飯，不要再持續用各種手段自我傷害。

小草的母親在帶著小草多次就醫，仍不見改善的狀況下，經朋友的介紹，轉介到我的門診。

小草的父親是知名外科醫師，不只不遠千里地配合小草一同就醫，還提前承諾，只要有需要，他可以情商同業代診，完全配合家族治療的療程，甚至還願意改變維持數十年的診所時段。

「如果找不到人幫忙，頂多就是少賺點錢。」在小草父親眼神中，彷彿就要滿溢出來的，是他願意為小草付出一切的熱忱與對治療的期待。

＊＊＊

「王醫師……你確定小草的家庭狀況嗎？」科裡的社工找到空檔，私下詢問我。

「果然有什麼問題嗎？」因為我總覺得小草在我面前欲言又止，我擔心是因為性別的關係，所以情商女性社工和小草會談，本來就不意外可能會聽到一些在我面前無法啟齒的隱私。

但我一聽完整個敘述，才赫然發現，背後隱藏的內情，完全超出我能想像的範圍。

以妻子的二婚為恥

原來，事業有成的小草父親，其實是小草的繼父。小草的生母，這位繼父當年苦苦追求，但琵琶別抱的校花，則是在生下小草，結束一段不幸的婚姻後，才再帶著小草，與這位始終不曾放棄的昔年追求者，開展第二段婚姻。

然而這樣的背景，小草母親完全沒有透露。我原本以為是小草母親無法面對，但在社工耐心地細問下，小草終於壓抑不住，講出問題不在母親，而是繼父一直以妻子的二婚為恥的事實。

「如果是這樣，那又何苦不斷追求，讓小草母親點頭再婚呢？」

我提出和社工完全相同的疑問。

而答案很簡單，也點出小草繼父自戀的本質。

內心深處的不甘

對繼父來講，身為校花的母親，是他生命中一個殘缺的戰利品。繼父無法忍受當年在情場上的失敗，因此表面上看起來是歷經數年的深情守候，但其實只是出於繼父內心深處的不甘。

小草作為拖油瓶的身分，在成長過程中，眼裡見到的，只有美麗的母親在繼父面前的自慚形穢和卑躬屈膝。

而隨著繼父事業有成，繼父的自尊更是難以抑制地不斷膨脹，母親的地位也只能江河日下。

繼父動輒「誰叫你當年瞎了眼」、「憑我的身價，撿你這破鞋」的咒罵，配上母親完全被踩在地上的自尊與涓滴不存的自信，讓心疼母親，只想努力維繫家庭，不想讓母親婚姻再次破裂的小草，自小到大，對繼父百般地討好。

但，沒想到的是，就在小草考上醫學系，成為繼父小學妹的那個放榜夜裡，繼父竟然趁只有兩人在一起的時候，毫無顧忌地對小草示愛。

可以想見，辛苦維繫的家庭形象，在那一瞬間，活生生地在小草面前崩毀。

崩潰的最後一根稻草

然而，更致命的打擊，是在小草努力澄清之後，繼父毫不留情的責罵與母親的不諒解。

「你一定想去大學交『新』男人！」的指責，莫名其妙地被強加在小草對繼父的驚慌失措和拒絕之上。

天知道，什麼時候，繼父開始以小草的『舊』男人自居。「你這些年對我的勾引還少嗎？」的詆毀與咒罵，完全扭曲小草一直以來的討好和賣乖。繼父忽略**小草只是想用誇獎、崇拜繼父的方式，來改善繼父對母親冰冷的態度**。

而長期臣服在繼父自戀凌虐下的母親，那種幾乎第一時間就相信繼父認定的態度，更是成為讓小草崩潰的最後一根稻草。

即使小草是來精神科就醫，也都是繼父一句「她一定是生病了」，就完全理直氣壯地自動忽略這麼重大的生活事件，就只因為繼父認定這些事情「毫不相干」，所以完全不用跟精神科醫師提及。

在婚姻中，自戀凌虐會更隱晦

如同前文所說，在一旦已經「生米煮成熟飯」的婚姻關係中，自戀凌虐的存在會更加隱晦，但這並非自戀者因為婚姻，而採用什麼特別不同的方式，來隱蔽自己的自戀；而是在**很多時候，這段婚姻之所以能夠成就，是因為渣男成功地鎖定了獵物，而當事人卻始終懵懂不覺。**

會盲目地走進自戀者的婚姻陷阱，除了因為激情而閃婚者之外，被捕獲的當事人，通常有兩個特質：

一、當事人對於滿足自身自戀需求的渴望。

二、意識深處的某種英雄崇拜。

《霸道總裁愛上我》言情小說系列，是自戀欲望的完美體現

自戀並不是一種邪惡而獨特的存在，事實上，每個人身上或多或少都有些自戀的成分，也都會因為這種自戀需求得到了滿足，而感到愉悅。

我們其實都會期待自己是「獨一無二的」、是「特別的」。即使如自體心理學所說，我們一般人都能隨著成長，跨越不夠成熟的自戀階段，進入一個理解自己「並不那麼特別」、「也許跟其他人都同樣是凡人」的成熟心智中，但那

個內在的小孩、那種自戀的驅力，還是會讓我們在可以的範圍內，追求成就自我的「特別」，滿足內心殘存的渴望。

《霸道總裁愛上我》、《黑道老大的寵妻》言情小說系列，就是這類自戀欲望的完美體現。多少對愛情充滿幻想的女性，仍然會偷偷相信，或期待著這樣的事情，在現實中發生。

因為我是那個「特別的」、「獨一無二」的人，所以霸道總裁可以踐踏所有人，但他總是會看出我的特別、只對我一個人好……然而，**冰冷的事實是，會踐踏所有人的人，也一定會踐踏你。會輕賤所有人的人，也一定會輕賤你。**

但只要自己內心的那個小小自戀沒有被認清，那個比你更強大、更擅長操縱自戀的渣男，就可以用戴著真愛假面的誘餌，將你捕獲進那個名為婚姻的牢籠裡。

人人都有的英雄崇拜，也是如此。

軍人和醫生自戀人格比例頗高

有一個關於自戀人格的有趣研究顯示，在美國的一般人口中，自戀人格違常的盛行率大概只有百分之零點五，但在軍隊裡的調查，所有這類人格違常和有這種人格特質的人，就可以高達百分之二十。而類似的調查，在第一年的醫科學生中，整體比例，則可以高達百分之十七。

這樣懸殊的比例，背後的道理，其實不難理解。

不管是軍人強調的軍人氣概、男性雄風，或是醫學生作為一個學業成績頂尖、對未來職業充滿著自豪與使命的自我形象與期許，這些都很容易讓有著自戀特質的人，努力想要擠進這樣的行列裡。

不是這些職業讓人變得自戀，而是自戀的人，自然會想盡辦法進入這樣的職業。而同樣的狀況，也會反映在各行各業的成功者身上。

曾經有一個心理學實驗，研究者設計一個類似大富翁的遊戲，讓參賽者競爭，但在過程中，透過修改規則，改變特定競爭者抽到好牌的機率，讓某些競爭者獲得最後的勝利。

但令人意外的是，不管如何去調查，幾乎所有的參賽者，都會認定是因為自己天縱英明，所以才擊敗對手。**幾乎沒有參賽者可以看見、說出背後真正的真相，那就是「我好像運氣總是比別人好」**。

其實，這也是相當多心理學家研究的課題。我們可以看到許多關於名人成功的傳記，例如賈伯斯傳、比爾・蓋茲傳、巴菲特傳……但從沒看過「照著賈伯斯傳去做」、「照著比爾・蓋茲傳去做」或「照著巴菲特傳去做」而成大功、立大業的人。

我們習慣替成功者做出各種合理化與解釋，而且將成就歸功於當事人的英明神武，這就是英雄崇拜。

英雄崇拜成為自戀凌虐的幫兇

在這樣的前提下，自戀型人格不僅僅是誇張地相信自己的能力，若這份能力，也剛好打動某個崇尚這種特質的寂寞芳心，不管那個特質是成功的事業、高超的智識、優越的運動神經，都會成為自戀型人格搜集獵物的誘餌，更會在未來，成為自戀凌虐的利器。

- 「成功男人的背後都有一個偉大的女人，所以不能好好打理男人的後方，做好後勤補給，那就是女人的失職……」
- 「殺伐決斷、才智過人的英雄，都要犧牲小我、講求理性，因此女人的情感需求就成了小鼻子小眼睛的歇斯底里，沒有見識的婦人之仁……」

小女人的英雄崇拜成了自戀凌虐的幫兇。

相對於無視他人的功勞，只相信自己的自戀型人格，在光譜另一個極端的心理特質，則是常被人稱為「冒牌者症侯群」（imposter syndrome）的一種心理狀態。

當事人無法相信和自己有關的成功，是源於自己的努力或貢獻，而只看見別人的幫助和好運，並因此完全沒自信地活在害怕被拆穿的恐懼之中。

賢妻良母潛規，是很大的共犯

配合上英雄崇拜和傳統女性角色的刻板印象，我們時常看見很多「成功男人」背後，有著非常多有才華的女性，但卻因為臣服於男性的英雄光環，與對他們的極度崇拜，因此甘心放棄自身無限的可能性，成為男性身邊的附屬品，甚至長期遭受自戀凌虐，成為被剝削的對象而不自知。

知名日劇《月薪嬌妻》（逃避雖可恥，但有用）中有一個橋段，就將這樣荒謬的結構清楚揭露了出來。女主角在面對男主角正式求婚，這好像應該是美好結局的開始，但卻引發女主角強烈的恐慌。

除了細數全職家庭主婦的付出，應該換算出來的實質薪資之外（在台灣，有相關的調查，認為全職家庭主婦的勞務有將近月薪五萬元的價值），女主角還點出若把「相夫教子」作為一個職業，它和其他正常工作最大的差別就是，**家庭主婦的工作，永遠沒有真正的積累**。

身為全職的家庭主婦，不像一般在外的工作，可以升職、可以加薪，甚至可以因為能力高強而被挖角，得到足夠的社會肯定。家庭主婦最終，至多可以得到的，就只有丈夫的欣賞、感激，和可能隨時都會消失的愛情。

然而，**這樣的付出，在傳統夫妻結構裡是被極端漠視的**，就連一般男性都很有可能因為文化因素，而將這樣的現象當作是理所當然了，對於那些自信爆棚，認為所有的成功都是出於自己英明神武的能力的自戀男而言，就更不可能領悟出這種關係上的極度不公平，並讓他們願意回頭正眼看待那些被他剝削的小女人了。

＊＊＊

戀愛關係裡被自戀渣男凌虐的女性，只要還沒結婚，多少都還有機會能夠因為醒悟，而即時努力，脫離這樣的病態拉扯。即使過程會是痛苦的，但界限清楚的「不接觸」原則，通常最後都能讓人成功遠離自戀渣男的關係凌虐。但已婚的關係，除了彼此長期的糾葛之外，先天結構上，傳統文化社會裡令人難以不受影響的賢妻良母潛規，則是很大的共犯。

自戀型人格改變的契機

雖然，有些研究顯示適當的心理治療，有可能改善這樣的婚姻關係，但多數臨床經驗會傾向相信自戀渣男的病態行為，通常終生難以改變。即使是心理治療，也有著雙重難以克服的難關，除了自戀型人格本身不會有意願，也不認為自己需要改變之外，**受剝削的另一方，也常常無法產生足夠的自信，改善自己所面臨的壓抑婚姻**。

其餘，**可能改變的契機**，**還包括一些「矯正式的生活事件」**，像是自戀型人格本身一些新的成就，使得自戀型人格投入「新」的領域，避開不斷在兩人關係中，重複心靈凌虐另一半，以滿足自戀的行為。

或是自戀型人格遭受「可以處理的」挫折，也就是說，那種挫折必須不至於大到讓自戀型人格崩潰，否則很可能形成反彈，讓自戀型人格出現以心理暴怒的形式，發洩他們自尊受損下的自戀式內傷；但也不可以太小，小到自戀型人格用誇張的自信自我催眠，維持他原本一成不變的人格型態。

而是必須剛好不大不小到讓自戀型人格去感受、體會另一半對自己的協助和重要性，那才有非常微小的可能，讓自戀型人格願意用比較不同的角度，重新定位兩人之間的關係。

然而，以上的狀況，基本上都是可遇而不可求，而這會導致這場與自戀渣男之間的賽局，唯一的必勝策略就是「一開始就別陷入這場賽局之中」。

依賴型人格渣男

沒有主見、過度依從他人，給人「媽寶」的印象。

「娶某大姊，坐金交椅……嗎？」雪音即使內心傷痕累累，還是故作堅強，但一聽到這句俗諺，就忍不住談起自己為何在那段看起來女強男弱的感情裡，反而心力交瘁、幾近崩潰。

體貼男

雪音從沒想過自己會在團購的社交軟體上認識男友。當初，雪音也只是很意外，竟然會有男性和一群女生團購廚具，但也就是這份意外，雪音開始了和男友的對話，以及後續的交往。

「型男大主廚喔！」一群婆婆媽媽瞎起鬨，靦腆的男友只好趕緊補充，其實那是他打算買給母親的禮物。因為他很早就聽過這個牌子的廚具，那是母親一直都很想要的。

「感覺上，似乎是個體貼男呢！」一開始，雪音就在心中印下對男友的好感。

在交往過程中，一開始非常順利。而對於感情，雪音一向很謹慎。浮誇的、具侵略性的、一眼看去就魅力四射的，都成了雪音的拒絕往來戶。

但，男友不同。

男友總是帶著靦腆的笑容，而且永遠不會堅持己見，甚至可以說完全尊重雪音，讓雪音完全放下戒心。而在交往過程中，男友充滿赤子之心的行為，或是偶爾事情凸槌後的手忙腳亂，也讓雪音覺得那給了她另一種安全感。

甚至，連和男友家人見面時的氣氛，以及男友母親的親切，都讓雪音覺得非常溫暖。

母子倆聯手追求她

首次見面，男友母親如數家珍，談起所有雪音的喜好，還準備雪音喜歡的點心，甚至讓雪音難以拒絕地熱情挽留，雪音只好留下來吃飯。

這頓飯，除了讓雪音嚐到男友母親的好手藝，更令雪音訝異的是，餐點幾乎完全配合雪音的口味。

「怎麼感覺上，他和他媽媽是一起在聯手追求你呢！」朋友聽了這樣奇特的「家人首見」經驗，戲謔地對雪音說。

但其實透過旁觀者的眼睛，多數人都能覺察這種在表面上充滿體貼、無微不至的互動關係，似乎隱藏某些奇特的異樣氛圍。

連性事，男友母親都知曉

兩人關係的急轉直下，和男友人格中的驚爆點，在論及婚嫁後一一浮現。

其實，**一開始的訂婚，完全是在男友母親主動提議下進行的。**

「我媽說，反正我們都常常在做那件事了，不如就住在一起，彼此也好照應，但總是要有個名分，會比較好一點……」

雪音無法置信，自己和男友之間的性關係，竟然會完全被男友的母親全盤知悉，更訝異於男友竟然會一五一十地跟母親報告這樣的事情。

「我那個時候，也只是以為他們母子感情好，無話不談。」雪音事後這樣解釋。

***

雪音不是沒擔心過，男友母親作為一個單親公務員，因為丈夫早逝而必須撫養獨子長大，會如一般人所說的，陷入「和未來媳婦搶兒子」的窘境。但實際相處，雪音發現男友母親很鼓勵他們交往，除了一開始從「忠厚老實」的男友口中，套出所有雪音的生活習慣，刻意對她好之外，也時常抓著雪音，叨唸著男友的各種生活習慣、各式「改也改不掉」的「小」缺點，讓雪音隨時多加注意。

雖然尷尬，但雪音自忖年紀也不小，本來就擔心被動的男友不知何時才會和她談論未來，這回，男友母親都主動提出了，她也就順水推舟，在完成訂婚儀式後，和男友開始同居。

但光是租屋的過程，就讓雪音見識到男友不為人知的一面。

「媽寶大全」

「我想呢，這地方也算不錯，押金和前三個月的房租，我都付了，工作也方便。雪音，你也知道的，交通上的問題，你比較好處理，就請你多擔待啦！」

男友母親客氣，但幾近獨斷的決定，才讓雪音發現，其實租屋的地點，根本就選在男友老家的附近，而那裡，也是離男友工作很近的地方。

- 「這公司是我媽託關係找的啊！她很厲害吧！薪水不錯，還離我家近呢！」
- 「不好意思啦，我真的不太會坐公車，不是上錯班，就是坐過頭……還好我媽後來還特別找了認識的計程車行，不然出遠門真是不安心……」

但這樣晴天霹靂的發現，其實只是一連串問題的冰山一角。

後續的同居生活裡，雪音嘗遍男友所有堪稱「媽寶大全」的生活習慣。舉凡回家衣褲鞋襪隨手脫、隨手扔，等著別人收拾之外，茶來伸手，飯來張口更彷彿是天經地義，一切都該由雪音負責。

然而，最後讓雪音崩潰的是男友母親的行為。

男友母親的驚人舉止

雖然打從心裡難以接受男友母親那種過度涉入的行為，但雪音一直以關心、體貼、熱情來解釋老人家的行為並自我安慰，畢竟一開始，她也對男友母親的這種無微不至，有著相當程度的好感。因此不管男友母親的「交代」有多瑣碎，雪音也是盡可能地照做。衣服該怎麼洗、怎麼折，東西該怎麼放，廚房、廚具該如何打理……

但就在一次意外提前回家，雪音驚見男友母親在家中翻箱倒櫃，甚至還拿針偷偷刺破放在床頭櫃裡的保險套……

「唉呀……原諒媽太雞婆了。我想你年紀也不小了，說了，你們也不聽。趕快生個小孩，你們也好定下來啊……」

＊＊＊

從精神科醫師的角度，其實不難理解雪音的憤怒。

所謂的「媽寶」，有很大程度，他的人格特質有強烈的依賴傾向，**如果合併有一位「共同依賴者」，那麼，當事人的狀況通常會更隱晦而嚴重**。

依據美國《精神疾病診斷準則手冊》第五版的描述，「依賴型人格違常」（Dependent personality disorder）的特質，是自成年初期階段開始，一種廣泛和過度地需要被關心，且出現「順服」和「過度黏人」的行為，並害怕分離。

而在以下的描述裡，只要符合其中五項，就很有可能是「依賴型人格違常」：

1. 若沒有他人的過度建議或再三保證，就難以做出日常生活的決定。
2. 需要他人來為自己大多數的生活領域承擔責任。

3. 因為害怕失去支持或認可，難以對他人表示反對。
4. 難以自主實施新計畫或做事（缺乏自信）。
5. 過度地求取他人的撫慰或支持，甚至為此願意去做一些不愉快的事。
6. 因為誇張地害怕沒有能力自我照顧，導致自己單獨一人時，會感到不舒服或無助。
7. 當一段親密關係結束時，會急於尋找另一段關係，作為關心或支持的資源。
8. 不切實際地專注於某種「被丟下來，需要自己照顧自己」的恐懼中。

由於八項特性僅需要符合五項，就很有可能是「依賴型人格違常」，因此排列組合可以高達五十六種，但多數這類人會給人一般所謂的「媽寶」形象。雖然研究顯示，依賴型人格和反社會型人格，是所有人格違常裡，最不容易找到伴侶結婚的兩種人格型態，但並非所有這類人格特質的男性，都沒辦法吸引到異性，或者都是女方「瞎了眼」，才會和這種男性結為伴侶。

不是暖男，而是無主見與依賴

就像雪音男友，就因為有「5. 過度地求取他人的撫慰或支持，甚至為此願意去做一些不愉快的事」的特性，因此在和雪音交往過程的初期，會讓人覺得他是個願意付出的暖男，什麼事都願意去做，但實際上歸根結柢，那只是沒有主見、過度依從他人所產生的假象。

再加上雪音男友的母親有很強的操控性，以及「3.因為害怕失去支持或認可，難以對他人表示反對」的特性，就**常常會勾起雪音「照顧他人」的母性，並在一心尋找「老實男」的心態下，更容易將男友的所有依賴行為，做出更多正面的解釋**。雪音深陷在關係裡，卻不自知。

依賴型人格的前兩個特性，即1與2，都會給伴侶帶來很大的負擔。但在關係初期，它們會以一種截然不同的面目呈現。

像是在生活中的各種瑣事，都先詢問你，對於你的意見，幾乎照單全收。即使是私事，也都會與你分享，並對於你所提出的意見稱讚不已，但這其實是另一種形式的生活依賴，而不是正常關係中，彼此對等的交流和分享。

除了生活，也把溝通責任推給對方

更特別的是，這種單方向的交流，還會用一種更隱性的依賴模式，讓伴侶頭痛不已。例如，依賴型人格不只會將生活中的責任賴給對方，甚至還會把溝通的責任，也視為對方的責任。

實務上，常聽到的說法就是：「她認識我這麼久了，應該知道我不喜歡這樣啊，但她還是這樣做了，那就表示她沒想到要考慮我。我除了接受，還能怎樣？」

因此，即使伴侶原本是採取一種開放的態度，希望依賴男可以自由表達意見和溝通想法，也會在這種「我以為他沒有意見」的沉默螺旋裡，不斷地累積單方面的怨氣，但另一半則處於完全無辜的狀態下。

雪音成為男友母親操控的延伸

依賴型人格的確切形成原因不明。近代精神分析、動物行為學都有各自的解釋，通常認為和嬰幼兒時期與成人依附關係，內化為人格的過程中產生問題，才導致這種人格特質。但在我的實務經驗上，我也看過很多父母的教養沒什麼問題，其他手足也都發展良好，但就只有當事人有明顯依賴人格傾向的例子。

也有**研究顯示，遺傳傾向可能高達八成**。就像雪音男友，在經過詳細會談後會發現，他早逝的父親，就是另外一個很明顯的依賴型人格，也正因為如此，使得**雪音男友母親的過度操控，不只實踐在丈夫身上，更在丈夫過世後，變本加厲地轉嫁給獨子**。

依賴型人格，研究顯示，在一般人口的比例中，占百分之零點六至百分之二點五不等，通常女性的比例較多，但男性也不是沒有，特別在某些父母較強勢、倡導子女順從的文化中，比例就會更高。

雪音男友的母親，雖然並沒有出現「和媳婦搶兒子」的現象，但真正的原因是，男友母親已經和男友形成很強烈的「共同依賴」（co-dependent），男友母親對於男友，更是已經達到全面操控的程度，所以雪音連「搶」的資格都沒有，雪音反而成了男友母親操控的延伸，所以才會出現「幫兒子追女友」的現象。

評估自己是不是「共同依賴者」

但這樣的關係，最終還是會因為共同依賴者的過度操縱，讓當事人無法承受。

不過，相較於其他的人格，特別是邊緣、自戀和反社會，依賴型人格比較有可能透過心理治療得到改善。但是，**這種改善必須要先跨過兩道「共同依賴」的關卡**。

在面對「共同依賴」這個概念時，雖然如同雪音男友的例子一樣，「媽寶」二字不是叫假的，很多周邊的人，甚至包括渣男自己，都會把問題歸咎到特定的親人（通常是母親）身上。

但實際的狀況是，很多啃老族基本上是爸媽都啃，即使父母想要切斷這樣的依賴關係，但還是逃不過親情的煎熬與不捨。

而這點在伴侶、情人身上，也是一樣的。

就像**面對渣男的黃金鐵律**一樣，**「當斷則斷」永遠是最高指導原則**，但若有心想要協助，或者不願意放下這段感情，那麼，首先要注意的，就是「自己」到底是不是共同依賴」的圈內人之一？

如果自省的結果，發現自己也只是想要替代其他的人，成為「寵物」的唯一主人，那麼，基本上，這就是沒有看清依賴男表現的「百依百順」，只是內在心理依賴的另一種面向。而你絕不可能把這樣的依賴本質，改變成對外橫眉冷對千夫指，轉身對你充滿繞指柔的男子漢。

在有了這樣的覺悟之後，除了讓自己不成為「共同依賴者」，也才有機會協助依賴型人格，開始嘗試學習如何追回自信，擁有獨立自主的人格。

評估自己是否「他應該要獨立自主，但最好還是乖乖聽我話」？

但這時的第二個關卡，就是依賴男的主要共同依賴者。由於這通常已經是數十年糾纏的關係了，當事人也不可能完全沒感受到依賴男、啃老男、媽寶男所帶來的各種負累，但大多數共同依賴者的願望，在本質上也很容易犯下前文所說的錯誤，那就是「他應該要能夠獨立自主，但最好還是要乖乖聽我的話」的這種盲點。

而這就不是三言兩語就能解決的事，通常需要透過專業的家族心理治療或諮商，才可能慢慢解開這份糾結已久的病態關係。

但也只有如此，才能讓依賴男有機會建立自信，讓他相信自己有辦法做決定，並且定下未來的目標和方向。

雖然這最終會讓「很乖、很親密／黏」的媽寶，不再繞著自己轉，但也只有這樣對等而又各自獨立的關係，才能做到平等互惠的交流與分享，並且共同走完人生伴侶的路。

戲劇型人格渣男

世界要圍繞他們旋轉。對感情極度不忠。

很少有這樣的機會，在見到苦主之前，就對她的事略有耳聞。水仙是某家醫院的「外科之花」。雖然水仙不是明星、聞人，但因為驚人的美貌，在網路上也小有名氣。

「因為H醫師說跟你很熟，所以我想你有可能知道內情，也才想來找你幫忙。」

但讓我訝異的，不是口罩遮掩不住的容貌、氣質，也不是因為護理人員交頭接耳，顯然是在針對水仙近日社會新聞上的緋聞；而是我其實只和H醫師在某個研討會交換過一次名片，竟然就讓水仙有著「你和他很熟，應該會知道內情」的想法。

嚴格說來，我也不是對水仙的男友H醫師一無所知。除了近期沸沸揚揚的社會新聞之外，H醫師家境富裕、英俊，愛買跑車，甚至組了同好俱樂部等高調炫富的事蹟，也早就擁有足以和水仙匹配的名氣。

「是這樣嗎？我就知道……」在聽完我說明自己真的和H醫師沒什麼交情後，水仙苦笑著，表達出她的無奈與不意外。

網路上瘋傳的全裸照片

隨著不斷深入的會談，水仙毫不避諱地直面發生在她身上的社會新聞，一件可以歸類為「色情式復仇」的事件。

事件的起因是一張水仙全裸，但專注地在筆電前打字的照片。照片上頭還大剌剌寫著「這樣子寫論文，難怪升等無往不利啊」的浮水印標題。

隨著照片在網路上瘋傳，水仙的生活，也跌入谷底。

由於照片明顯是男友拍攝的，水仙和H醫師兩人之間的情感糾葛，也隨著水仙報案，搬上檯面。

頂著高學歷女醫的光環，即使追求者眾，但對愛情抱持戒心的水仙，總是對身邊所有異性抱持客氣，但又維持距離的態度。一直到遇見H醫師，她才終於放下心防。

「我原本擔心他很花心，但實際相處後，其實完全看不出他對環繞在身邊的異性，有任何踰矩的言語或舉動。即使那些鶯鶯燕燕，搞不好還很樂意讓他吃豆腐，但他也都只是像個開心果，在人群裡逗人開心，沒有其他不對勁的舉動……」

也許水仙自己也有同樣的困擾吧！她很快同理H醫師所說的，自己只是喜歡熱鬧，並沒有想要沾惹情愛的心情。

畢竟水仙自己也總是被認為之所以沒有男友，是因為沉浸在眾星拱月的滿足感中，再加上H醫師確實很懂得讓她開心，因此兩人進入熱戀的消息，很快地傳遍各自的生活圈。

然而，兩人之間的問題是從什麼時候開始的呢？回想起來，半年前，醫院春酒的聚餐，似乎是整個事件的引爆點。

＊＊＊

只要在聚會場合，永遠是人群焦點的H醫師，一如往例，被眾人拱上舞台，但原本熱鬧開心的晚會，卻在眾人鼓譟下，氣氛開始出現微妙轉變。

「水仙，上啦！跳舞跳舞。夫唱，婦也要隨啊。」

雖然舞技驚人，但始終低調、不願上台的水仙，這次靦腆地衝著男友面子，上台獨舞了一段。水仙美麗曼妙的身姿，驚豔全場。熱烈的掌聲，水仙很開心。

水仙以為自己應該替男友掙足了面子，但下台前的一瞥，赫然發現男友的臉色淡漠、鐵青。男友完全沒有因為女友的精采表演，而有任何一絲一毫與有榮焉的快樂……

「我早該想到的……」水仙在很久之後，懊悔地說著。

兩人的關係，從此急轉直下。

電腦裡驚人的祕密

水仙開始不時感受到男友有意無意的不屑與挑剔。她也不時地被男友怪罪，指責水仙喜歡花枝招展、引人注意，甚至認為水仙在工作上的成就，都是好色的男上司特別關注、提拔的緣故，完全抹煞水仙自身努力的事實。

而水仙主動要求和男友分手，是因為有一次水仙打算送修電腦，卻在整理電腦資料時，發現驚人的祕密。

「你知道嗎？他竟然在我的電腦裡裝木馬程式，偷看我所有的郵件。他還用我的郵件，弄了一堆社交軟體的帳號。他明知我完全不碰那些東西的。」

隨著眼前看到的各種線上對話紀錄和上傳的照片，水仙幾乎快要崩潰。各種私下自拍的美麗照片，卻總是夾雜一兩張不堪為外人見的性感照。看得出有些是入浴時偷拍，有些是沉睡，衣衫不整時偷拍。「想看更色的嗎？你看不到喔。只有我男友H醫師才能看。因為他才能讓我欲仙欲死……」

水仙終於明白，為何潔身自好的自己，近來開始會聽到一些奇怪流言，像是她如何用美色求上位，還有某些網民信誓旦旦說她有一堆線上小王、是個表裡不一的慾女……之後，就在水仙暴怒，和男友攤牌、要求分手沒多久，引爆社會新聞版面的裸照事件就發生了。

面對矢口否認將照片流出的男友，還辯解網路上所有的帳號都是水仙自己申請的。面對千夫所指的壓力與百口莫辯的委屈，水仙連去自殺的意念都有了。

非得要成為眾人眼中的焦點

雖然沒能直接幫上水仙的忙，但其實從拼湊出的隻字片語，也可以看出水仙男友的某些特質，那種非得要成為眾人眼中的焦點，即使破壞女友形象，也要讓自己成為炫耀的中心，以及無法忍受被女友搶去大家眼裡的風采，都是「戲劇型人格違常」的常見表現。

依據美國《精神疾病診斷準則手冊》第五版的描述，「戲劇型人格違常」（Histrionic personality disorder）的特徵，是自成年早期開始，一種廣泛的行為模式，呈現出過度情緒化與尋求他人的注意，只要符合以下五項，就很有可能是「戲劇型人格違常」：

1. 當他不是眾人注意的焦點時，會感到不舒服。
2. 時常以不恰當的性誘惑或性挑逗與他人交往。

3. 展現快速轉變和膚淺表現的情緒。
4. 利用自己身體外觀來吸引他人注意。
5. 說話風格不精確，並缺乏細節。
6. 情緒表達顯露自我誇示、戲劇化和過度誇張。
7. 易受暗示（如：易被他人或情境所影響）。
8. 自認為人際關係比實際更親密。

很愛演

雖然可能表現的行為向度有很多，但這類人給人的一般印象就是「很愛演」、「誇張派」。

像水仙男友吹噓自己和其他醫師的熟識程度，就符合「8.自認為人際關係比實際更親密。」的描述，這點也是為何我在對水仙說明，我和她男友並無深交後，她會表示並不感到意外的原因。因為男友早就不只一次誇飾他和各方人脈的交情，但也多次，讓水仙因為他人禮貌的拆穿而感到尷尬。

極端需要他人注意與認同

另外，由於戲劇型人格的兩個重要特質，「6.情緒表達顯露自我誇示、戲劇化和過度誇張。」和「1.當他不是眾人注意的焦點時，會感到不舒服。」他們會在言行上時常劍走偏鋒、語不驚人死不休。說起話，非常容易出現「總是」、「絕對」之類的形容詞。

當你厭惡他們的時候，當然可以看出這種言語背後的扭曲和專斷，但當關係還沒破壞時，戲劇男給人的感受，就會是強烈的自信和篤定。

又因為戲劇男極端地需要他人的注意與認同，像水仙男友由於本身才華洋溢、家境優渥，所以還能用正面、討喜的方式獲取關注，但多數戲劇男會不惜採用任何極端的手段來「討拍」，或者獲取注意，就像水仙男友一旦開始發現其實眾人的焦點已經不在他身上時，那種**焦慮和憤怒，就讓他開始用各種充滿惡意的角度，來看待自己的女友**。

即使那不符合現實，也無所謂，因為對戲劇男而言，他們的現實，就是世界要圍繞著他們旋轉的自我中心劇本。

對感情極度不忠

戲劇型人格違常也是所有人格障礙中，特別會將「性」與「外表」提出來，作為診斷準則的人格違常。

所以，這類的渣男很常被認為是「型男」，他們也很在意自己對異性的性吸引力。

幾乎所有人格違常都會在親密關係上產生問題，但不同於反社會人格是踐踏他人；邊緣型人格是愛恨落差，非常極端；自戀型人格是要證明自己，因而衍生出各種背叛愛情的戲碼；戲劇型人格純粹是需要他人的注意與肯定，就像所有的演員都會追求更大的舞台、更多的觀眾一樣，**他們可以在仍然熱戀的狀態下，為了尋求更多的熱情和注視，而同時追求很多不同的異性**。

這種極度不忠的特質，也很容易隨著外在狀態不同，而演化出很多本質相同，形式相異的變化。

就像水仙男友因為司法調查而被揭露的行為裡，就被發現他在開始對水仙完全不合理的由愛生恨之後，除了在網路上炮製一個虛擬的「淫蕩版本水仙」，藉此透過「宣示戰利品」的方式，達到「成為焦點」的滿足之外，他還四處找尋「紅粉知己」，控訴水仙的不忠，讓自己變成虐心悲戀劇裡的男主角。

如同「無論是正面新聞，還是負面新聞，只要有新聞，就是好新聞」的概念一樣，戲劇男到最後會惹得身邊的關係支離破碎，常常也都是這種「如果沒辦法讓人愛，那就讓人恨。只要注意我、關注我，什麼結果都可以」的心態所導致。

***

戲劇型人格的成因，目前並沒有定論。不過有基因研究顯示，**天生的基因影響，達到五成以上**，他們也是B群人格（註）在研究調查中，最容易「曾經離過婚」的一種人格違常。這顯示出他們不難進入婚姻，但也不容易維持婚姻。

精神分析的理論雖然對戲劇型人格有著一套解釋，認為每個人在早期成長階段，如果教養者沒能給出一致性夠高的照顧，或者成長階段有創傷，那麼就有可能形成個體需要隨時追求高度的關注，以獲取資源的傾向。

另一項調查，則顯示戲劇型人格由於可能有三分之二會共病存在著反社會人格的傾向，雖然不必然會像標準反社會人格那般容易出現暴力，但他們以自我為中心，視他人的權益、尊嚴為無物的特質，也會讓戲劇型人格渣男的行為，給親密伴侶帶來很大的痛苦。

分手劇本

因此，在面對這種令人難堪的關係時，多數人會選擇遠離，也就不難理解了。但是和所有渣男分手，很少沒有不受到創傷的，而和不同類型渣男分手，差別也就只是身心靈的哪一部分受創較重而已。

在分手的過程中，**戲劇型人格渣男幾乎會毫無懸念地創作一套屬於他自己的劇本，然後演給全世界看**。那種糾纏擾人的程度，可能是所有人格違常之冠。

我聽過寫血書控訴，並且在女方住家樓下嚎啕大哭，也見過網路開直播，哭哭啼啼或大聲咒罵，更遇過製造十幾個假的社交帳號，追蹤女方所有的朋友，只為了用三人成虎的方式，將女方抹黑成爛女人。

常成為成功的表演者

而這類人的治療方式，也相當不容易。藥物通常只能做各種症狀的協助控制，以求改善當事人的臨床痛苦，並進而使他的人際關係不那麼受影響。

至於心理治療的部分，也相當困難，因為「5.說話風格不精確，並缺乏細節。」、「6.情緒表達顯露自我誇示、戲劇化和過度誇張。」的特質，會讓治療中的會談，很難有真正具有深度的進展。

比較可能有效的治療方式，是所謂的「功能性分析治療」。主要聚焦在如何磨合當事人在人際關係上的缺陷，想辦法讓他能夠維繫最基本的人際關係，或者讓他還存在著的親密關係不至於破碎崩壞、只有離異一途。

不過，擁有這類人格特質的人，其實只要自我功能還好，有很多都會成為相當成功的表演工作者，通常這時候，也會有甘心做個永遠的小粉絲「之一」的痴情女人，願意忍受當個「沒有名字的正宮」或「永遠的小三」，並因此能夠長期維持著和戲劇男的關係。但這樣的親密關係到底幸不幸福，很多時候，也只能尊重當事人的選擇了。

註：

人格違常依據其描述性特質的相似性而分成三大群。A群包含偏執型、孤僻型、思覺失調型人格違常，這些人格違常者的行為、思想常常古怪或偏離常態。B群包含反社會型、邊緣型、戲劇型、自戀型人格違常，他們的行為常讓人看來覺得戲劇化、情緒化，或性挑逗。C群則包含依賴型、強迫型、畏避型人格違常，這些人的表現，常有明顯焦慮傾向或容易害怕。

反社會型人格渣男

很「貼心」，但其實更接近「獵人對其獵物習性的瞭如指掌」，而不是溫柔體貼。

- 「你不認識我，不過沒關係，我會給你機會。」
- 「你很想被看見，對吧？但你的品味實在有問題。放心，我會糾正這一切的，你註定是我的人，那些毫無意義的抗拒，只是因為你太膽小了。」

看著檢察官搜索後，在調查庭上提示的證據，筱莉打從心底覺得不寒而慄。男友日記上幾近瘋狂般的囈語，完全透露出他內在深處的瘋狂。

「我這樣做，真的是我的錯嗎？」

「我這樣做，真的是我的錯嗎？」一時興起，筱莉使用最近很流行的交友軟體。筱莉無法否認自己確實渴望一段刻骨銘心的戀情，但也不能說自己不夠小心，畢竟不只是透過社交軟體，認識了男友，自己還花了一番時間和力氣，去打聽男友身邊的一切，包括他的工作、家世、過去的愛情史和人際關係等，但，誰知道即使如此滴水不漏，還是防不住這個爛桃花。

一切都要從筱莉的愛犬小P開始說起。

＊＊＊

從大學時期開始收養，小P可以說是筱莉的心靈支柱。雖然小P只是隻全黑的台灣土狗，但討喜、溫馴的個性和筱莉很像。筱莉和小P幾乎形影不離，小P的足跡就是筱莉的生活軌跡。

筱莉每次回到家的那句「媽媽回來了！」配上小P搖著尾巴撲上來狂舔的身影，幾乎是這幾年來每天都會上演的兩「人」間的溫馨接送情。

即使筱莉也跟著朋友開始玩起社交軟體，但因為有小P的陪伴，所以筱莉從不覺得寂寞，這也是筱莉在交男友時，除了一直能夠冷靜、慢慢觀察外，不急著進入兩人親密關係的主要原因。

但遺憾的是，一個晴天霹靂的意外，打破這個幸福的平衡。

＊＊＊

某天下午，筱莉突然接到大樓管理員的急電，「你家小狗出事了！可不可以趕快來ＸＸ獸醫院，醫生說可能沒救了……」

心急如焚的筱莉飽受煎熬。

小Ｐ一向受到社區居民的寵愛，所以當筱莉不在家時，就常待在管理員室或附近的社區，而乖巧的牠，也從不曾跑遠。但那天不知為何鬼使神差，當小Ｐ在管理員室門口追球時，就突然衝了出去，立刻被一輛重機撞倒。騎士頭也不回的逃竄，監視器也沒能看清楚車牌號碼。

「醫生說已經盡力了。小Ｐ的頸椎骨折，四肢完全癱瘓，我該怎麼辦……」崩潰狂哭的筱莉，將這樣的消息放上社交軟體，但在一片安慰聲中，筱莉只覺得更無助。不過，其中一段簡短的問候和建議，卻像暴風雨中的明燈，給了筱莉溫暖和希望。

原本沒太多互動的網友阿豪，告訴筱莉，要買什麼樣子的水墊、該如何幫小狗翻身。這些非常專業的建議，才讓筱莉注意到阿豪的網路照片裡，有不少阿豪在寵物店工作，以及與各種貓狗合照的身影。

＊＊＊

隨著交流、互動變多，筱莉驚訝於阿豪如此貼心。阿豪常常在筱莉生活或工作上需要幫助時，給了筱莉最需要的心靈或實際生活上的協助。

深入瞭解後，筱莉才發現阿豪的寵物店照片，只是他去打工時所留下的身影。阿豪的正職是某家私人公司的法務人員，從他不時打卡，也可以看出他在各地從事免費法律諮詢的服務，甚至筱莉還看過阿豪在知名女中演講所得到的感謝狀。

「這個不錯喔！人挺帥，又貼心，只差考上律師執照，就不會只當個小小法務了吧？」筱莉的朋友揶揄著，但也透露出喜悅與祝福。

「阿豪喔？沒聽過他有什麼女朋友啊！他來這邊打工快兩年了，很難相信他只為了興趣來兼職耶。那個手法啊，老練得很。後來我們遇到骨折的case，第一個就想到找阿豪來幫忙。」

「兩年嗎……自己玩社交軟體也才不到一年，看起來，阿豪不是那種靠寵物把妹的渣男。」

筱莉小心翼翼，也因為阿豪聽起來無懈可擊的過去而鬆了一口氣。

「我是真的覺得自己會死掉！」

然而，如同鐵律一般，渣男假面的保固期限，永遠不夠長。

筱莉和阿豪的關係很快開始敗壞。最開始腐朽的徵兆，是來自阿豪在性關係上不經意流露出來的不尊重。

筱莉自問也不是古板的人，但阿豪在床第之間愈來愈多的ＳＭ類要求，逐漸讓筱莉吃不消，但看著阿豪沉浸滿足的樣子，也讓筱莉很難拒絕。只是沒想到，後來阿豪竟然想對筱莉嘗試「窒息式性愛」，此時，筱莉爆發了。

「我是真的覺得自己會死掉!!」筱莉一邊哭，一邊咳，她對阿豪大吼。

但男友卻還是一派雲淡風輕的態度，「你沒真的死掉，而且，我也鬆手了啊……」

雖然生氣，但在男友軟磨硬泡的態度下，筱莉終究原諒了阿豪，而且之後的性愛也再度回復到早期鮮花、美酒，以浪漫為基調的模式裡。

用女友名字欠下卡債

只是，渣男假面的崩壞，通常就是條不歸路。

就在一次筱莉應父母要求，打算用信用貸款，借一筆修繕老家的經費時，筱莉才被銀行的授信單位，告知一個晴天霹靂的消息。

「我有卡債？我怎麼都不知道？都是我的簽名？我寫給未婚夫的委託書？!……」

再一次，筱莉又看到阿豪那副天塌不驚、雲淡風輕的嘴臉。

但這次，還沒來得及讓阿豪再度施展他的水磨功夫，接下來，一連串駭人聽聞的事，隨著警察進屋搜索、查扣所有阿豪的電腦和物品而不斷爆發。

阿豪因為涉嫌在某個他曾去演講過的女中廁所裝設針孔攝影機，而被警方大舉搜索。隨著電腦中各種不堪入目的照片、影片被發現，阿豪因為自鳴得意而留下的各種生活日記，也全被清查出來。

原來，美麗的筱莉早就是阿豪注視已久的獵物。

駭人的事實

確實筱莉在認識阿豪之前，使用社交軟體並不到一年，但**阿豪在更早之前，就已經偷偷跟蹤筱莉達到半年之久**。也就是說，阿豪根本不需要透過網路，筱莉和小P的感情、生活中的各種瑣碎小事，幾乎全都在阿豪的掌握之中。

甚至小P的車禍，根本也都是阿豪所下的毒手。而阿豪在寵物店打工的目的，更多的原因是藉著這樣的工作，他才有機會去「欣賞」自己用各種手段凌虐、傷害過的小動物的慘狀。

阿豪的法律系背景，也根本是假造的。他靠著在高中畢業後，就開始從事的印刷工所學到的技術，成功地用一張偽造的畢業證書，爭取到一家查證不嚴的小公司法務人員的工作，更藉此累積履歷，加上他自學的法律知識，成功轉職到知名的大公司。更不用說因此爭取到機會，讓他能夠去心儀已久的女中演講，讓他有下手犯罪的機會。

＊＊＊

看著那一堆不堪入目的照片，筱莉被迫在其中指認自己。筱莉看著自己在完全不知情的狀況下，在鏡頭下被綑綁成各種羞恥的姿態。筱莉哭著破口大罵，要阿豪給自己一個解釋。

・「是這些傢伙太無聊了，才對吧！他們沒來，有誰覺得不對勁了嗎？有誰掉一塊肉嗎？有問題，也是他們過來搜，才搞出來的啊！」

・「你沒興趣，那我怎麼辦？這樣不是兩全其美？你可濕透了耶！你睡你的，我爽我的，給你吃點藥，你哪一次早上醒來不是神清氣爽？」

・「也不過就是張紙！我說的都是正確的法律知識，不信你叫哪一個律師來跟我辯啊！我的演講多受歡迎，你們知道嗎？他們學到物超所值的東西，用一張感謝狀給我，還嫌喔？」

這一回，筱莉終於清楚地看見了。阿豪那張永遠雲淡風輕的臉，如何轉變成猙獰、咆哮的魔鬼。

完全難以令人相信的歪理，竟然就這樣從阿豪的口中，臉不紅氣不喘地說出。

＊＊＊

依據美國《精神疾病診斷準則手冊》第五版的描述，下述的特質中，只要存在三個以上，就很有可能是反社會人格違常。

1. 不能符合社會一般規範對守法的要求，一再做出會被逮捕的行為。
2. 狡詐虛偽，一再說謊，使用化名或為自己的利益、娛樂，而欺騙愚弄他人。
3. 做事衝動或無法事先做計畫。
4. 易怒又好攻擊，表現於一再打架或攻擊他人身體。
5. 行事魯莽，無視自己或他人的安全。
6. 無責任感，表現於一再無法維持長久的工作或信守財務上的義務。
7. 缺乏良心，也不會自責，表現於對傷害、虐待他人或偷竊他人財物覺得無所謂或將其合理化。

我們對反社會人格的三個誤解

一、認為具有反社會人格傾向的人，一定看起來很像流氓，也必然是面目猙獰、好勇鬥狠。

一個很容易存在的誤會，就是認為具有反社會人格傾向的人，一定看起來很像流氓，也必然是面目猙獰、好勇鬥狠。但其實在所有診斷特質裡，給人這種印象的行為特徵，也不過就是七個條件中的「4.易怒又好攻擊，表現於一再打架或攻擊他人身體」。

至於其他的特質，都可以用一種更隱性的方式來呈現。像是**阿豪從偽造大學文憑開始，他所有的工作收入幾乎都是透過詐欺而來**。這樣的行為，阿豪百試不爽，就符合「1.不能符合社會一般規範對守法的要求，一再做出會被逮捕的行為。」

阿豪只是「還沒被逮捕」而已，但只要夠聰明，很多反社會人格／精神病態（psychopath）可以很長期地，如阿豪般逍遙法外。

另外，像是完全不尊重伴侶所嘗試的「窒息式性愛」以及對於伴侶和其他所有受害者的感受毫不以為意，即是「5.行事魯莽，無視自己或他人的安全。」，以及「7.缺乏良心，也不會自責，表現於對傷害、虐待他人或偷竊他人財物覺得無所謂或將其合理化。」的表現。

二、「他曾經這麼貼心，怎麼會是沒有同理心的反社會人格？」

但事實是，這類人的「貼心」，其實更接近「獵人對其獵物習性的瞭如指掌」，而不是多數人所以為的心有靈犀或溫柔體貼。

三、「反社會人格的人不是都很魯莽？他們怎麼會這麼沉得住氣，去計畫如何欺騙別人？」

人格病態者的「魯莽」，在更多狀況下，顯露出來的是「不在乎」。因為他們完全不在乎後果，也不在乎任何規範，他們只在乎自己。但**只要是「自己在乎的」，他們可以和普通人一樣專注，一樣懂得「放長線釣大魚」**。

由於這類人格違常者，以固定約百分之四的比例，存在於社會之中。一旦遇上了，輕則在人際關係上遭受這類人的情感剝削，重則被捲入法律事件。往往數年，都無法從精神病態者所製造的陰影中擺脫。

但是，面對這樣的特殊病態，目前並沒有絕對有效的治療方法，因此**及早辨識出這類人的存在，並盡可能地遠離他們，成了目前最被建議的處理方式**。

可惜的是，即使最有經驗的臨床醫療人員，也會在初期，被這類精神病態者輕易欺騙過去。要辨識這類人的最有效方式，只有觀察他們過去長期的行為模式，或者實際與這類人長期相處，才能完整辨識出這類人格違常患者。因此，如何辨識這類精神病態者？有以下四個原則。

四個原則，辨識出精神病態者

一、要先相信，並認知到精神病態者／反社會人格違常者，確實存在這個社會中。

因為「推己及人」是多數人際互動上不言自明的原則，我們太習慣於同情、擁有道德感，因此常常會用人性本善的方式，詮釋周遭人物的行為。

更何況眼前的這個人，是曾經如此的讓自己心動，讓自己相信，也許他就是自己等待已久的「真命天子」。如果是真愛，那自己不該也多點信心？多點光明？不是說，只有自己內心是邪惡的，才會把對方也看成邪惡？不是說，只要用正能量來面對彼此，就會帶出「善」的正向循環？

確實，人性「多數」是善的，這樣的光明面，也會映照出自己的真誠與美好。但是，糾結在爭執千年的人性本善還是本惡之間，事實是，人間就是會存在有百分之四的人，不能用這樣的角度來看待。

害人之心不可有，防人之心不可無，這不只是人生處世可靠的中庸之理，面對著即將被愛情沖昏頭的自己，同樣也是句十分值得參考的諺語。

如果沒有認知到這樣的現實，或在心裡無法接受這樣的狀況，那麼，**就會像筱莉那樣不斷自我說服、自我欺騙**，「他應該不會這樣吧？我這樣想他，會不會太邪惡了？」**甚至還因此對自己產生嫌惡感、罪惡感**，這往往就是無法認清反社會人格者的最重要原因。

如果再加上對手是像阿豪這樣懂得長期布線的渣男，要不被對方所捕獲，更是件困難的事，這也使得「隨時保留一點戒心」的原則，就變得無比重要。

二、不要太泛道德化地「隱惡揚善」。

多數反社會人格者都會操弄他人、運用各種謊言來合理化自己的行為，甚至會在情感上綁架受害者，讓受害者替他隱瞞。

「當局者迷」、「不識廬山真面目，只緣身在此山中」，那是多數人耳熟能詳的道理。

就像是驗算著自己寫過的考卷，或者在家中搜尋失物的感覺一樣，很多問題即使就在眼前，即使你在自己內心裡千叮萬囑要小心注意，但我們的心眼就是會存在著天生的盲點。

- 「他應該只是沒注意吧？」
- 「我真的太小心眼了？」
- 「他的神色是如此的義憤篤定，可能真的是我太多疑了吧？」
- 「知錯能改，誰都有犯錯的時候，難道他就不值得再一次機會？」……

表面上看起來，與人為善、反求諸已，理應是真心相待下，彼此都該為對方付出的愛的代價。那也應該是顧全彼此的顏面，願意貢獻自己一份心力，努力修護兩人關係的表現。但完全將這樣的互動，侷限在兩人世界裡，完全閉口不與任何人談論的結果，常常喪失在第一時間，讓「旁觀者清」的他人，協助自己早一步看見事實。

而且真正平衡的人生，本來就不該只有兩人世界。**願意面對現實、長久經營的親密關係，本來也該將彼此熟悉的各種「他者」，都放在這個重要的關係網絡之中，包括彼此的家人、同事、好友……**

但精神病態者很習慣反其道而行，在他有機會在實質上限制你的自由、封鎖你的行動之前，他會早一步在你身邊建立起層層的心理牢寵，不只讓你錯失了讓身邊的人協助的機會，更進一步在未來讓你因此陷入孤立無援的境地。

因此，請改變「家內之事，清官難斷」的錯誤概念，請明白那只是父權文化，試圖將某些人（尤其是女性），斷絕在本該與這個世界產生連結的人際公理之外的一種手段。**兩人之間的事，就是兩個「你」之間的事，你有權力自己選擇，但你也有權力和任何你想諮詢的人好好商量**，不管那是親人、好友，甚至是老師、專業人員，那都不是什麼關係的背叛，反而是真正珍視這段關係，企圖讓這段關係更加美好時才會做的事。

三、是人的行為，而不是人的言語，在定義一個人的人格。

精神病態者的專長之一，就是利用人的善性，配合熟練的謊言和層出不窮的高明社交手腕，來剝削與操控他人。

一般人在這個社會裡所努力做的，通常是如何與社會和平共處、彼此共好，互相增進利益；但反社會人格者則完全相反，他們行為的最重要核心，就是要破壞這個社會的既定規範，來單方面攫取自己的利益，甚至到最後與社會同歸於盡，也在所不惜。

所以，**不斷地在規範中找漏洞，找不到漏洞就打出漏洞，打不出漏洞就直接無視，當做它不存在，可以說是反社會人格者終生都在練習的遊戲**。

他們在自己的腦海中，早就想盡了數不清的歪理，用各種詭辯之術，為自己找尋理由，建立各種讓人「聽起好像有理，但總覺得怪怪的」藉口，為自己的行為開脫。

所以要辨識出精神病態的方式之一，就是要理解，不管他們有多麼冠冕堂皇的理由，**我們最終要看的還是他們的實際作為，以及這些模式的最後，是否「一定宣稱善意，但每一個行為的後果都是其他人淒慘不已」**。

因為多變的是他們口中的話，但不變的是，他們的行為一定會給身邊的人帶來傷害。

當同樣的行為模式、同樣類型的傷害不斷出現時，我們要做的，是無視言語，直面行為，並開始準備「保持距離，以策安全」的因應措施，這樣才是面對精神病態者時最正確的事。

四、「清楚的人際界限」。

幾乎所有的人際關係，都會涉及到界限（boundary）。

就如前文以邊緣型人格違常的相處之道為例一樣，通常精神科醫師對於「正確的」的界限，並沒有太多先入為主的觀念。只要是深思熟慮，就算你選擇了最古老的「三從四德」，作為自己與另一半的界限，在尊重自由意志的前題下，也沒有太多人能指責什麼。

畢竟所謂的「好女人」的概念，甚至到「爛好人」的程度，也還是有相當多的人，因為遇到了非常速配的另一半而終生樂此不疲；甚至只要運氣還行，身邊沒有太多「壞人」的話，很多討好型性格的人，還會比想像中的，更想繼續用模糊界限的狀態，透過接受他人的予取予求，作為維繫人際關係的重要手段！

但是，這一切都要在知情同意、互相尊重的狀態下合意產生才行。知情，意味著足夠的坦誠，互相，意味著當事人會考慮彼此的立場。

因此以上對「界限」的多元尊重，註定沒辦法放在與人格違常者的互動關係裡適用。因為人格違常者，本身就無法有著足夠穩定的自我意象（self-image），又常自以為是，所以根本就沒辦法達到足夠的互相坦誠。人格違常者連面對自己時都難以坦誠了，更遑論面對其他人。

至於「互相尊重」對於人格違常者，就更是緣木求魚了。我們怎麼可能要求一個時常以自我為重心，無法透過同理心理解他人內在需求與立場的人，能夠對另一半做出夠真誠的尊重呢？

因此，**「清楚的人際界限」幾乎可以說是和人格違常者互動時，必定被提出來，希望能完整執行的人際鐵律**。

但不同於面對邊緣型人格違常者的起伏不定，清楚穩固的人際界限可以成為穩定關係的定錨點；也不同於面對自戀型人格違常者的妄自尊大，清楚穩固的人際界限，可以促使關係間產生一定程度的相互尊重；在面對反社會人格者的時候，「規則」的存在，幾乎就是對方刻意要打破的標靶，也會在關係的相當早期，就可以透過不斷地見識到反社會人格者如何多方的無視，甚至挑戰你的界限，而因此露出他反社會傾向的馬腳。

與這類精神病態者因為界限不明而糾纏不清，是與他們互動的大忌。但畫出清楚的界限，及早誘發出他的反社會傾向的做法，在現實中，也要格外的小心。

清楚而不拖泥帶水地劃出人際界限，除了是敏感度很高的反社會傾向的測試方式，也是最有利的自我保護方式。但是，如果彼此已經有太多的牽扯，特別是對方已經很主觀地自認「投入很深」，而又是有暴力傾向的恐怖情人，那麼，太過斷然的劃清界限，則有可能帶來潛在的暴力風險。

此時，最好的方式是回到第二個原則，也就是不要隱瞞，要廣泛地對外求助。多數人會因為覺得沒面子、怕丟臉，因此可能不願意多方求助，或不好意思讓更多人知道自己面臨的困境。但這樣的做法，實際上只是在飲鴆止渴。

不過即使已經求救了，但**如果只是跟少數人求救，精神病態者往往會有自己的一套扭曲解釋。他可能還會把那些你求助的「少數人」一起牽扯進來**，讓這些人也成為被攻擊的目標，這時候，如何在看出「保留界限」在面對反社會人格就是不可能之後，如何準備分手就會是一個非常重要的議題，這部分，之後我們也會再進一步地詳細討論。

＊＊＊

最後，我還是要再度強調，反社會人格違常／精神病態者的比例並不低，**認知到、相信這樣的人，就是有可能出現在我們身邊，是面對及預防被這類人傷害最重要的第一步。**

他們經常戴著心智健全的面具（mask of sanity），來與一般人互動，但隨時都有可能只為自己的喜樂，無責任感地傷害他人。對一般人來講，足以約束自身、難以跨越的道德天塹，對他們來講，也只是道一步可過的小水溝。

這也是為何他們所造成的傷害，往往是長時間的治療也難以恢復的。因為物質或有形事物的傷害或許還能修補，但對人性和道德的信心崩壞，可說等於是摧毀了我們和他人賴以建立親密關係的重要基石。

偏執型人格渣男

多疑與敵意；缺乏安全感與自信，總認為別人會剝削他們。

「我一定要告他！他根本是瘋了！」

臉上青一塊紫一塊的風鈴，在急診室歇斯底里地哭喊。急匆匆趕來的風鈴爸媽一方面心疼女兒，另一方面，卻也滿臉錯愕。原本表現得謹小慎微，對女兒也還算體貼的男友，怎麼變成今天這副模樣。

只有同樣在床邊關心的好閨密，才明白冰凍三尺，非一日之寒。

「他看起來真的很老實啊！」

風鈴是系上研究所教授的助教。其實從某個角度看，風鈴的男友多少可以算是風鈴「倒追」過來的。至少在這段戀情開始時，朋友們沒少這樣取笑過風鈴。

「可是，他看起來真的很老實啊！」

男友阿岩雖然和風鈴同年，但他其實比風鈴還小了一屆。聽說是大三那年被某些同學霸凌，阿岩的父母還因此特別讓他轉校、轉系，之後才順利畢業，考上風鈴學校的研究所，因此阿岩晚了同齡的人一年才入學。

但阿岩入學後，似乎也還沒能從過去的陰影走出來。阿岩總是表現得畏畏縮縮，還因此特別得到導師的關注，導師因此安排大一屆，但同齡的風鈴照看著阿岩在研究所的學業適應。

「學姊，我這樣是不是很糟？」「我知道你只是不想罵我而已……」「學姊，你還是去帶別人好了，我真的就是朽木……」

也許是勾起風鈴的母性，也許是日久生情。風鈴對阿岩的耐心和溫柔，不只讓阿岩重新站穩腳步，也讓他增強對自己的自信。

「不可能的，學姊怎麼會喜歡我呢？一定是那些人在騙我、想讓我丟臉……」就在風鈴「倒追」阿岩的耳語，隨著兩人形影不離不脛而走時，風鈴偶然在教室旁偏僻的樓梯間，聽到來回踱步的阿岩，不停喃喃自語。

一方面心疼，一方面也覺得好氣又好笑的風鈴，只好一把拉住阿岩，直接展開「女追男，隔層紗」的戀情。

兩人的關係急速升溫。有主見的風鈴，配上老是「三思而後行」的阿岩，在甜蜜戀情的滋潤下，很快地，推進到一起在校外租屋同住的程度。

風鈴甚至還拉著阿岩和自己的父母見面。風鈴大方地在父母和阿岩面前，提出打算和阿岩在外同居的計畫，不但打消阿岩原本瞻前顧後、猶豫不決的態度，也讓阿岩見識到風鈴父母對女兒的無條件支持。

然而，所有的問題就在兩人共同生活在一個屋簷下後開始。

＊＊＊

風鈴熟知男友畏畏縮縮的個性。雖然作為一個現代女性，風鈴知道自己可以主動，但也沒有急著和男友發生親密關係。

不過，當看著自己和男友精心布置的小窩，兩人在笑鬧慶祝之餘，還喝掉整瓶朋友帶來的甜酒，風鈴和阿岩順理成章地用激烈的性愛，掀開同居生活的第一頁。

放假日的隔天清晨，阿岩明顯比風鈴早起，但阿岩鬱鬱的臉色，讓風鈴不由得追問起來。

「嗯……學姊，你也不是很愛運動吧……」一直沒改口的稱謂，這回卻找不到過去常有的那份言談間的甜蜜。

「也不一定是運動，沒什麼啦……」

禁不住風鈴不斷追問，阿岩坦承了自己的想法。

原來他倆的第一次親密關係，風鈴並沒有出現處女膜流血的現象。這點，風鈴當然很清楚，因為她在大學就交過男友，並且也很清楚地告訴過阿岩，自己和當時的男友曾經一度論及婚嫁，只是後來仍不幸分手。

「可是，你就是沒說。我怎麼知道你的交往就是這樣交的。」一色厲內荏的阿岩，幾乎在第一時間就觸及了風鈴的逆鱗。

「這是什麼時代了，而且那早就是過去的事情，我也跟他說過好多次了！」對著閨密抱怨的風鈴，邊哭邊嘶吼。

雖然風鈴心中很不平，但兩人的關係畢竟也不是一朝一夕的事，再加上阿岩又再度回到謹小慎微的態度。阿岩低著頭，彷彿不敢再面對風鈴似的表情，讓風鈴選擇和阿岩重修舊好。

爭執的導火線

然而，可能也是因為這樣一次關係中的裂痕，風鈴開始用另一種角度，回頭審視自己對阿岩行為的解讀，並重新觀察阿岩的所作所為。

隨著各種生活中的細節被發掘，風鈴無法置信地發現，自己的機車竟然被阿岩偷裝ＧＰＳ。風鈴的行事曆被翻閱，電腦被裝了鍵盤側錄程式，連電子郵件信箱、學校帳號，都有被阿岩私下登入的痕跡……

而讓風鈴最後和男友大吵的導火線，是風鈴應教授的要求，出席學長出國進修前的歡送會。當晚也只不過比約定時間稍微晚個二十分鐘回家，阿岩就衝進教授的研究室大吵大鬧，讓風鈴面子全失不說，更在回家後，強脫風鈴的內褲，說要「聞聞看有沒有男人精液的味道」。

「天哪……原來我每天只要晚點回家，他都會偷拿我脫下來的內褲去聞，甚至還有幾件，我以為是弄丟了的，結果是他留下來要『保存證據』，做比對用的。」

憤怒至極的風鈴當下就奪門而出，但男友不僅沒有承認自己的錯誤，還因為風鈴的舉動，認定那就是風鈴在外面「另有愛巢」的證據，不然「不可能這麼晚了，什麼東西都不帶就敢出去……」

拉扯之際，阿岩出手毆打了風鈴。

＊＊＊

「他們都在欺騙我、利用我。」「他們都在背後算計我。」「你一定是教授派來監管我的。」「我要反擊，這個汙辱別想叫我吞下去……」

在警察護送阿岩就醫時，風鈴在淚眼婆娑間看到的，是阿岩充滿憤恨、哭喊的眼神，那樣的影像是如此地熟悉。對了，那不就和初見面時，那個「受傷」、「被霸凌」的阿岩所表現出來的行為幾乎一模一樣嗎？

其實阿岩的表現，那種極端多疑的人格特質，有很大部分與偏執型人格違常相近。

依據美國《精神疾病診斷準則手冊》第五版的描述，下述的特殊人格模式中，只要存在其中四個或以上的特質，就很有可能是偏執型人格違常。

1. 在沒有充分基礎下，懷疑他人在剝削、傷害或欺騙自己。
2. 不合理、沒道理的懷疑身邊的人的忠誠，並沉浸在這樣的想法裡。
3. 因為莫須有的恐懼，認為和自己有關的資料會被利用，而拒絕相信他人。
4. 將善意的話語或事件，視為其中隱含著對自己的貶低或威脅。
5. 長久地心懷怨懟。例如，不能原諒他人的輕視、侮辱或傷害。
6. 即使在他人看來並不明確，但仍然感覺他人在打擊自己的人格或名譽，並且快速地要做出憤怒的應對或反擊。
7. 儘管沒有證據，還是對配偶或伴侶的忠貞，表示反覆的猜疑。

基本上，**這種人格違常的核心特質是多疑與敵意**。雖然這樣的表現，似乎與其他同時有著嚴重情緒變化的人格違常十分相似，但在多疑的本質起源上，卻有很大的不同。

◇像時常在「全好」及「全壞」之間擺盪的邊緣型人格，他們的多疑是產生在兩個極端之間。從原本的完全信任，往另一個極端推進，從而產生了極度的不信任。

◇而自戀型人格呢？由於一直處於嚴重的妄自尊大的想法中，但當現實無法和那份自尊相容時，自戀型人格就會把那樣的挫折，完全投射到四周所有人身上，並因此認定一切的問題，都是他人對自己的嫉妒所衍生出來的結果，所以才會對他人充滿了懷疑和敵意。

◇而**偏執型人格的多疑，背後真正展現的，是當事人對自己缺乏安全感與自信。他們的自我意象基調是「脆弱」與「不足」**。因為脆弱，所以對於受傷有超過現實的恐懼；因為自認不足，所以對周遭的善意或至少是中性的訊息，仍然主觀地截取可能對自己有傷害的假設，並將這樣的假設認定為真實。

自我實現的預言

他們最常面對的，就是所謂的「自我實現的預言」。這類行為的特徵就是，自己先有特定先入為主的認定，結果這個認定，影響自己的行為，扭曲了自己的認知，**最後反而是自己的認知與行為，把現實改造成和自己內在的預言相同的樣子**。

就像阿岩，風鈴對他存在的一直都只有關懷。是阿岩片面的認定，導致風鈴最後不得不選擇離開他。並不是阿岩成功地預言了風鈴的離去，而是他認定風鈴會離去，之後衍生的偏差行為，導致風鈴不得不走上離開的這條路。

容易對偏執型人格的行為，存在善意的解讀及美化

近二十年來，對於偏執型人格的研究顯示，他們在人口中約占百分之一點七，而且以男性居多。另外，也不容易在他們身上找到過去就醫的紀錄。他們在就醫排名上，不像邊緣型人格那樣高居就診的第一位，而是在十種人格違常中，排名第六。

偏執型人格在以怪異、特立獨行為特徵的Ａ群人格違常中，被診斷出來的平均年齡，要比其他人格違常者稍老。

也就是說，在較早的青少年時期，他們的問題，相對上不會太顯眼。但在親密關係上，獨居、單身、離婚的比例，和其他人格違常比較起來都算多。會造

成這種結果的主要原因，與他們內在累積的長期不信任感、假設別人會常想剝削他們有關。

因為這樣的想法，使得他們一開始就很難和身邊的人，產生更深入的人際關係與彼此之間的信任，外顯表現上，就容易變得孤僻。

通常，這樣的男性若仍然能與異性形成親密的連結，除了當事人可能因為行為偏差得還不算嚴重，也可能是因為外界對於他的行為成因，產生太多「善意」的解讀。

例如風鈴，她一開始就把男友阿岩的離群與多疑解釋為被「霸凌」的結果。但事實是，這些行為有很大的部分，是根源自阿岩內在的行為偏差，甚至，我們還可以大膽猜測，所謂的「霸凌」，或許都不能排除那只是阿岩的一面之詞。**真正的起源有可能是阿岩偏執個性下，所投射出來的某種「被害意念」，但都被阿岩單方面地給合理化了。**

另一種常見的「美化」，就是把當事人的小心翼翼解讀成「他很在乎我」。然而，這種行為背後真正的原因，其實是明顯的不信任。

在這種狀況下，如果還是期待能夠改變偏執男，或者就算不改變他，也還希望能和他維持穩定的關係，那麼，所要面對的第一道關卡就是，如何與當事人形成一定程度的聯盟（alliance）。因為只有如此，才有機會在建立起足夠的信任關係後，進一步改變他對外界，或至少是對親密另一半的扭曲認知。

一定程度的忍耐與「非反擊」對應方式

首先，要有的心理準備是，當事人會不分青紅皂白，將你的行為往「占便宜」、「打算傷害我」、「一定在騙我」的方向做解讀。所以**一定要理解任何形式對偏執男的「批評」，幾乎都只會帶來負面的結果，並且引發後續的退縮或敵意**。因此，一定程度的忍耐與「非反擊」（non-retaliation）的對應方式是必須的。

你需要理解的是，偏執狂內在的本質是嚴重的不安全感，而不是對你的否定與質疑，因此，如前所述，過度善意的解釋固然會蒙蔽自己的雙眼，導致看不清偏執男的行為本質，但反射性的反擊和直覺式的惡意解釋，最終也只會導致關係破裂。

另外，由於和偏執男的相處，難免都會「殃及無辜」地把周遭的人也拖下水，所以最佳的方式是，藉由專業治療師的協助，將「他者」的存在，寄託在治療師的身上。

畢竟旁人就算有心成全或協助你和偏執男的關係，通常也沒有那麼大的力氣去包容偏執男的行為，直到他產生足夠的改善。

但即使是專家，也還是需要當事人最重要的親密伴侶的配合，包括事先就規劃得很清楚的治療、會面時間（避免不確定性，這會誘發偏執男的懷疑），還有所有共享的當事人資訊，都要很清楚地界定資訊的內容和來源。

例如，如果數天前兩人曾產生過爭吵，那麼，一定要先說明「自己打算和旁人提及這樣的事件」，然後，如前所述，在足夠的涵容、忍耐過程下，避免任何反射式、具有反擊意味的批評式溝通。像是即使你認定對方的指控子虛烏有，也**不要以「你這根本就是亂想」來做回應，而是「我知道你是在擔心我，但我確實沒有做那樣的事」來做回應。**

然後在達到彼此的認可後，再來與兩人之外的第三人（最好是專業治療者），一起討論重大生活事件的感受，並改變偏執男的錯誤解讀，建立起比較中性，符合現實的解釋方式，這樣才有可能讓偏執男在親密關係中，建立起比較正向的循環。避免過去造成關係破壞的「自我實現的預言」，再一次出現在兩人之間。

強迫型人格渣男

專注於秩序、完美主義，以及在心智上、人際之間，要求絕對的掌控感。

「原來都這個年代了，還有相個親就隨便結婚的事喔?!」

社工一方面努力想著，要如何幫助眼前這位家暴的受害者，但心裡也充滿訝異，原來社會給大齡女子的結婚壓力，竟可以讓薇兒這樣的高知識分子，急就章地陷入帶給她無比痛苦的婚姻。

「其實，就我的觀察來看，薇兒最大的痛苦，不只是在婚姻路上，遇到長期情緒冷暴力的丈夫。更重要的是，她現在的處境，也很難讓身邊的親友理解她的痛苦，這讓薇兒啞巴吃黃連，有苦說不出。」

＊＊＊

確實，在眾人眼中極端守規矩的丈夫康博，既沒有外遇，還事業有成。無論如何，也不可能被認為是這段破碎婚姻的始作俑者。

薇兒是國中教師，從小乖巧地順著父母安排，成為收入穩定、人人稱羨的公務員。但也因為循規蹈矩，從來沒花心思與異性接觸，所以到後來，只能接受長輩善意的相親安排。

第一次見到未來的丈夫康博，康博拘謹的舉止和表情，完全符合薇兒自小到大被灌輸的「好男人」形象。

大家都對康博有正面的評價。當康博與薇兒約會，康博從不遲到，也一定先說好要去的地點……

這也是為何康博彷彿照表操課，在三個月期間，就完整交代自己的身家背景，也問清薇兒的家世細節之後，就順理成章提出結婚要求，而薇兒也順理成章地點頭答應的原因。

然而，康博的問題在蜜月旅行時，像紙包不住火般爆發開來。

全盤精準地掌控所有的細節

「你們這些人到底有沒有公德心啊，都說了十點半要集合。現在是什麼時候了！」

薇兒錯愕地看著發飆中的新婚丈夫。

其實那一對年輕的情侶團員，也只不過晚到了兩分鐘，但丈夫就鐵青著臉，站在遊覽車的車門前，對著氣喘吁吁跑過來的兩人破口大罵。

急著打圓場的領隊，趕忙拉康博到一邊解釋，沒想到，引起丈夫更大的怒火。

「什麼叫時間沒那麼緊？什麼叫導遊的時間有往前拉，好避免遲到？他們有沒有想過，這不就等於說本來還有多餘的時間，可以讓大家好好逛，但就為了有人遲到，所以就把時間縮短了?!為什麼守規矩的人要承擔這些?!那這樣，我還要信任你們有誠實報團費嗎？誰知道你們會不會暗槓……」

康博連珠炮般的質問，不只讓整團本來相當愉快的氣氛掉到谷底，薇兒更是今天才認識到，**原來丈夫先前無微不至安排所有的婚禮細節和蜜月旅行的行程，並不是因為體貼，而是為了全盤精準地掌控所有的細節。**

而這模式，從此滲進兩人日後生活的每一個縫隙。

家務要求百分之百整齊、清潔

即使薇兒是職業婦女，但先生認定女性就該做家務，而且還把他那種龜毛個性，例如家中擺設必須百分之百整齊、清潔的要求，完全壓在薇兒身上。那種傳說中軍隊裡才有的內務要求，就這樣在薇兒家裡被百分之百地奉行。

不能有一點水垢的衛浴設備、一定要用手洗的貼身衣物、絕對要熨燙平整的襯衫衣褲，一定要跪著，用抹布擦「才會乾淨」的地板……

「不然家裡的開銷就由你負責，換我在家裡維持家務。行有餘力，才可以去外面工作，這不是天經地義的事嗎！」

看著丈夫說得理直氣壯，薪水、職位都比丈夫還低的薇兒，似乎也只能忍氣吞聲，才能保住自己那份努力多年才獲得的工作機會。

「沒關係啦！他不是都把薪水拿出來給你了嗎？這樣的男人不多了啦！」同事安慰薇兒。

憂鬱與恐慌發作

但讓薇兒喘不過氣的是，名義上，丈夫將薪水都存入兩人的聯名戶頭，當然，他也要求薇兒必須照做，而且薇兒不但需要交出自己賺的錢，還要把每一份收支都列出明細清單，像在做財務報表。

所有的花費，也都要兩人一起去商討「必要性」，但表面上是「兩人商討」，實際上，丈夫卻永遠有一套大道理，堅持他對「必要性」開支的判斷，才是正確的。

在這樣的生活壓力下，薇兒併發憂鬱與恐慌發作的症狀，但這樣的身心俱疲，竟然完全得不到丈夫的諒解，甚至還**不斷地被指責「意志力太差、抗壓性太低、愛胡思亂想、不知足才會這樣……」**。

燒炭，企圖自殺

最後的引爆點，是薇兒娘家的傳統產業小工廠，出了些資金周轉上的問題，薇兒想要拿出自己在婚前存許久的私房錢，幫爸媽度過難關，卻在被丈夫獲悉後，換來他驚天的怒氣爆發。

- 「你怎麼可以這樣騙人！這是背叛！什麼這是你婚前存的，我有把婚前的錢都另外存下來嗎?!」
- 「是怎樣！你哥是死人，是不是？家裡有事，長子不是該負責嗎！你都嫁過來了。我姊嫁出去，我們家也從來沒跟她要求什麼啊！」

本來身心狀況就不好的薇兒，在經歷丈夫衝去娘家破口大罵，自己親生父母被指責得無地自容，大哥更急忙要求薇兒不要再過問娘家的事情後，某天，她意外地曠職，她選擇在家燒炭，企圖自殺。

＊＊＊

薇兒丈夫這種言必稱「規矩」的行為，依據美國《精神疾病診斷準則手冊》第五版的描述，與「強迫型人格違常」非常相近。

這類的人格特質自成年初期階段開始，會廣泛地在每一個領域的行為上呈現一種固定的模式。他們會專注於秩序、完美主義，以及在心智上、人際之間，要求絕對的掌控感，因此犧牲彈性、開放性和效率。

只要符合以下四項或更多，就有可能是「強迫型人格違常」患者。

1. 過於專注細節、規則、清單、秩序、組織或行程表，反而失去活動的主要目的。
2. 顯示出過於追求完美，因而妨礙任務的完成（如因無法符合他過度嚴苛的準則，而無法完成計畫）。
3. 過度熱衷於工作和生產力，而排除掉休閒活動或友誼（非因明顯的經濟需求）。
4. 對道德、倫理或價值觀過度嚴苛、一絲不苟、缺乏彈性（非因文化上或宗教上的認同）。
5. 即使已無情感價值，也無法拋棄破舊或無價值的物品。
6. 除非別人完全照自己的意思來做，不然不願將任務或工作分派給他人。
7. 對自己與他人都很吝嗇；認為錢就是要存下來，以避免未來的大災難。
8. 展現非常僵化、固執的態度。

很多時候，我們對於親密關係的要求，常常會聚焦在忠誠議題上，而幾乎被一般人狂呼「渣男」的，十有八九不是劈腿，就是欺騙。這種不管在心靈或是肉體關係上的不忠誠，都被公認就是破壞親密關係的罪魁禍首。

但實際上，親密關係的真正重點，是在維繫一個彼此平等互惠、互助互補，而且能共同成長、面對生命各種困境的雙人連結。

很多時候，破壞關係的一方不必動用到「不忠誠」這樣的利器，只要在關係裡，不斷地用冷暴力凌虐、剝削對方，就足以讓這段親密關係如墮地獄。

說得更直白一點，一個劈腿的渣男，如果有本事做到不為人知，其實當事人都還可能活在幸福快樂的感覺之中；但一個在關係中，因為人格偏差而不斷形成的關係剝削，即使表面上他對這段關係仍然忠誠，但這樣的「緊抓不放」，對另一半造成的傷害，只會更大、更久。

披上名為「專注、認真」的保護殼

強迫型人格違常，在世界上的人口中，大約占百分之二上下。他們在「最不會去醫療院所求助」的人格違常中，排名第二。而排名第一的，當然就是不認為自己有問題，也不在乎有沒有問題的反社會人格違常。

這類人格特質問題的爆發，相對來說，會比其他的人格違常來得晚。因為這種人格違常的核心表現，在感情上，往往呈現壓抑（不願表達自身的感受），有完美主義傾向，對各種事件過度在意細節，高度理智，工作狂。

這些特質在成年早期，常常讓他們披上了一層名為「專注、認真」的保護殼。所以**強迫型人格的教育水準、收入水準，在所有人格違常中，都是相對較高的一群**。

「規矩」，是「他自己訂的」規矩

再加上這類人的人際疏離，他們追求極度的掌控感，而這世上最好掌控的，莫過於自己，因此他們很少欣賞他人的觀點，也不需要和別人維持多親密的來往。於是，這種只有在很親密互動的狀況下，才可能被發現問題的人格特質，就因此很容易隱而不見。

就像薇兒丈夫的例子，在不知情的外人眼中，丈夫多年來累積的「守規矩、一絲不苟、認真工作，不容許犯錯」的形象，讓外人在第一個直覺上，無法接受婚姻關係中的衝突導火線，並非來自薇兒。

擁有這類人格特質的人，在婚姻狀態上，處於一種不上不下的位置。他們不像戲劇型人格，容易有離婚的過去史，也不像自戀型人格，容易追求到另一半、結婚形成伴侶關係；當然更不會像反社會型人格，很難對另一半許下共度一生的承諾。

擁有強迫型人格特質的男性，很容易在有著適婚壓力的婚姻市場中，因為諸多外在條件還算符合「社會常規」的角度下，形成婚姻關係。

通常親密關係中的另一半，往往要在經歷長期關係剝削之後，才開始領悟，原來強迫型人格所謂的「規矩」，是「他自己訂的」規矩。他的法律，之所以讓他遵守得駕輕就熟，原因只有一個，就是這套法律根本是為他自己量身訂做，所以他做起來只會如行雲流水，輕鬆寫意。

***

在面對強迫型人格的另一半時，最重要的關鍵，還是這種人格偏差的嚴重程度。

如果偏差得不嚴重，再加上他的「規矩」若還在社會價值和規範底下，那麼，也許有些比較「復古」，或內建「三從四德」操作介面的女性，還能在將忍耐的美德發揮到極致的狀態下，彼此相安無事地維持這段關係。

但若女性無法放棄在親密關係中，追尋互惠平等地位的這種需求，那麼，重者，切斷這份關係，幾乎是必然的選擇；而輕者，找尋適當的伴侶諮商或鼓勵當事人去接受心理治療，改變對方在人際關係中，因為人格問題而產生的種種痛苦，是不得不做的建議。

讓強迫型人格「放下規矩」

通常，這類人格特質的治療，初期會有一種急速好轉的假象。因為面對某種角度上的權威，強迫型人格會因為過度理智化，而企圖做一個「好病患」。口頭上，對各種「道理」點頭如搗蒜，但很快，他們就會繞著彎，將這些道理，用自己的方法，「再詮釋」成符合自己單方面需求的「規矩」。

所以身為這種人的伴侶，需要瞭解的是，「規矩」的對錯，根本不是人格行為偏差的重點，如果不斷地陷入和當事人反覆拉鋸，期待用「更好的」規矩、

「更有道理」的規矩、「更有人性、更尊重另一半」的規矩，來改善當事人的話，最終也只是緣木求魚。

真正可能產生效果的治療方向，是讓當事人「放下規矩」，是避免塑造出一種「權威形象」來和當事人對抗。將人際關係用一種更仁慈、和善的態度，讓當事人慢慢地接受，原來這世上其實可以擁有各式各樣的「不完美」。

我們欣賞強迫型人格的理智化，但**最終要做的，是讓他慢慢接受情緒表達、情感連結的重要性**。

以薇兒丈夫為例，讓他在看到遲到的團員，氣喘吁吁趕回來時，那份「希望彌補些什麼」的心情；讓他看到薇兒在拿出私房錢時，背後那份對娘家有難，因此對家人不捨、願意付出的親情，這樣，才有可能讓強迫型人格，在親密關係中，達到一個比較健康的平衡。

輯二　為什麼總愛上渣男？我是「渣男磁鐵」？

這世上光是反社會型人格，就占人口的百分之四

「我真的搞不懂這人怎麼可以這麼惡劣。醫師，這個人是不是有病?!」

親密關係的不完美，是常態

當我在診間聽到對渣男的控訴時，我最常聽到的一句話是：「醫生，他是不是有病？」

但是，讓我們稍微抽離，用一個比較冷靜的角度重新審視。其實親密關係中的不完美，甚至男女之間的爾虞我詐，才是自古以來生命的常態。

很多動物行為學家會驚訝於鳥類的兩性生態，竟然在很多面向上，與人類如此相似。

無論是雄性鳥類汲汲營營的求偶，雌性鳥類小心翼翼地慎選伴侶，到雙方努力合作，照顧後代，甚至到某些表面上看來一夫一妻制的鳥類，竟然也會出現公鳥外遇，而「元配」發現時，「元配」瘋狂攻擊「小三」……這林林總總的畫面，都讓人覺得某些鳥類的夫妻關係，幾乎與人類沒有什麼不同。

舉例來說，近年宮鬥小說或戲劇大行其道，一群女人在後宮用盡心機爭寵，而收視率證明這樣的情節，總是能勾起夠多人的關注和興趣。

不過，小到民間的商業競爭、警察盜匪之間的鬥智，大到政治鬥爭、國家戰爭，那些形式有異，但本質相同的鬥爭，在人類活動中本來就廣泛存在，且這種存在也不難理解。

但為什麼在封建時代，女人之間為了一個男人戰得你死我活，卻能超越其他種類的鬥爭，讓人產生高度共鳴？古代因為男女極端不平等，所以出嫁從夫、母以子貴，但現代的我們早已不是如此，我們卻仍對這種情節萬般感同身受，為什麼？

這份不解，讓我想起多年前的「雙琪奪麵」。

一九九九年，被暱稱「伊麵」的港星鄭伊健和交往多年的邵美琪分手，並和梁詠琪交往，當時引起了軒然大波。但我覺得最怪異的是，**當時攻擊梁詠琪為「第三者」，在BBS上用盡各種言辭羞辱梁詠琪的，多數是女性**，而且鄭伊健本身的女粉絲，在其中還占了不少。

這真的很奇怪。如果細看女粉絲們的幻想投射，其實不乏白馬王子鄭伊健帶她遠走高飛的情節……但，梁詠琪不就是把這種夢幻給徹底實現而已嗎？

愛情，應該是一場男女混合而平等的集體馬拉松，各自找尋彼此的第一名，不是嗎？怎麼最後變成男女多人混合雙打的擂台賽了呢？私底下設陷阱、插眼肘擊施拐子……無所不用其極，也就罷了，結果這類型的戲劇，還讓那麼多人樂在，也融在劇情之中？而所有悲劇裡，最該死的，不就是那個優遊於眾女子之間的渣男嗎？為什麼女性和女性之間的戰爭，反而引起了共鳴呢？

多年後，我在歐洲斑鶲身上，找到了答案。

動物行為學——母鳥「搶奪生殖資源」，公鳥散播基因

歐洲斑鶲是一種很有趣的鳥。公鳥求偶，一定要先找到很棒的巢洞，然後才能吸引母鳥交配（是的，沒房子的男人，實在沒什麼吸引力）。

問題是，很有本事的公鳥，會跨過其他公鳥的領地，另外再找一個巢洞，勾引其他的母鳥。當然，這隻公鳥要很強，飛得更遠，找得到更多食物，還要能

夠……有兩幢房!!

但有時候，兩隻母鳥總是會在空中相遇，那……這時通常會發生什麼事？

沒錯！詐欺在先的公鳥在旁邊涼快，兩隻母鳥卻大打出手!!

這樣的狀況，在動物行為學上的解釋，認為母鳥本能上在做的，是「搶奪生殖資源」；而公鳥在做的，就是將基因最大化地散播出去。

其實所有需要付出相當多資源，養育下一代的物種，都會有類似的行為，與雌、雄無關。也就是，**完全是因為基因內建的「資源爭奪」行為在搞鬼**。

為什麼說與雌、雄無關？例如公海馬與母海馬。由於海馬在結合、產卵後，並不是由母海馬負擔育兒的任務，而是公海馬背著卵到處跑，乖乖地等著寶寶平安孵化。

這時，動物學家清楚觀察到，在「求偶」的過程中，「性致勃勃」的是母海馬，比較小心、被追著到處跑的，反而是公海馬。

所以，是公、是母不是關鍵，這就是生物內建必然存在的本能。

談戀愛沖昏頭，是本能驅動的資源分配與奪取

這類「基因內建」的東西，在人的身上，還有很多。例如，讓醫生們很頭痛

的一件事，就是「愛吃糖、愛吃高熱量」這個內建功能。

人類確實有數萬年的時間，都處於沒那麼容易看到很多高熱量食物、糖類食物的狀態，所以自然「看到了，就拚命吃掉它」。但現在文明實在太發達，多數人走幾步路，就會看見放滿糖果、巧克力的便利商店，高熱量的食物完全不虞匱乏，所以如果還依著基因內建的本能吃東西，現代人的慘劇就會發生，各種代謝疾病，醫不勝醫……

所以，多數的醫療專家都不斷呼籲，請大家在飲食上一定要用理智控制。過去「跟著感覺走」，是人類和自然環境互動平衡的結果，而現在的環境早就不是當年那個自然環境了。

那麼，男女在情愛關係上的混合作戰呢？我們還是要被侷限在很傳統、很野生的兩性角色裡嗎？

現代社會真正該強調的，應該是讓「資源」能夠盡量地符合分配正義。不分性別、不分階級，讓世上的資源能穩定地流動分配，這樣才不會讓人類需要回到原始弱肉強食的世界規則中生存。

這樣說起來，當然一點也不浪漫，但就像克制本能的食欲，可以讓人活得更健康一樣，**各種談起戀愛時，沖昏頭的行為，背後存在著的，都是各種本能趨動的**

資源分配與奪取。因此以下的行為，也就可以理解了。

△為什麼男人們一邊大罵工具人，一邊又拚了命當工具人？

△為什麼女人們一邊覺得自己明明就是真愛，但別人老說自己嫌貧愛富？

△為什麼男女順著「本能」驅動，最後開花結果的婚姻，卻總是讓人在生活中充滿各種不滿意？

認識內建的求偶本能

認識自己內建的求偶本能，再好好地用現代環境和理性調整它，絕對會是一件非常重要的工作。

當然，這樣的獸性觀點，似乎是在「暗示」所有的男人，也許在骨子裡都有點「渣」，甚至也會讓部分的女性，覺得自己似乎被指責了，彷彿自己多少都該對「被渣男拐走，負上責任」。

但其實認識這種「天生邪惡」的存在，就像認知到「愛吃高熱量的衝動」一定存在一樣，並不是認為存在，就可以被縱容，也**提醒自己，不要用自欺欺人的態度，去安慰自己，「我一定不會這麼倒楣，會碰到爛男人。」**

因為在這其中，無論人性、獸性，掠奪資源、信守約定……種種的行為，就像在鳥類和許多生物身上都能觀察到的現象一樣，所謂的「矛盾」，其實只存在人類自己所建立的那套「解釋系統」而已。

這世上有善良的人，也有惡意的人

「他怎麼可以這麼矛盾，說愛我，卻又背叛我?!」其實這中間，最大的解釋系統的謬誤，就是「聖潔愛情」的信念。

不管什麼時代、什麼文化，都有對「偉大」愛情的各種謳歌與讚美。透過不同形式，但同樣動人的藝術創作，將「愛情」的地位提高到人類靈魂的高尚道德層次。

但如果詳細去看歷史，有很多現今膾炙人口的愛情故事，在古代的早期版本，根本不是那麼一回事。

例如《白蛇傳》，在宋代的版本裡，白蛇精就是個愛吃年輕男子的妖怪，也沒有產子、中狀元的橋段，許仙更是被魅惑之後，急著逃離的魯男子。但到了明、清時代，兩人的愛情開始纏綿悱惻。本來救苦救難的法海和尚，被寫成蟾蜍精，還專拆散他人的好姻緣，最後白蛇更是靠著生了狀元兒子，得到平反。

幾乎多數故事的重點，都是在強調女性的貞節與付出。即使最著名的渣男故事〈陳世美〉，也是在明朝之後才出現，而且〈陳世美〉最後的重點，也還是在表彰貞潔烈婦最後終究能夠得到代表正義的包青天的協助與肯定。

然而，所有故事的癥結點在於，難道女性含辛茹苦、忠貞節烈，最後就一定能換來好報？那樣的故事，真的是世間的常態？**還是寫故事的人，有想要傳達、想要催眠女性的某種信仰**？

俗語說，一樣米養百樣人，人世間本來就是形形色色，有各種人格的存在，也更像是統計學所說的「常態分布」。

這世上一定有著非常善良、正直、對一切都無私奉獻的聖人，但這也意味著，在天平的另一端，自然也會存在極端惡意、慣於欺騙、對道德規範視若無物的反社會壞人。

不是「為了你」，是為了他自己

抱著追尋，並擁有「完美愛情」的夢想，並且相信自己就是能夠遇見那百分之一完美的對象，但卻忽略這世上光是反社會型人格的存在，就占了眾人口的百分之四，而其實，這就是「我為什麼老是遇見渣男」的重要關鍵之一。

那個「為了我」，無視他人的霸氣男子；那個「為了我」，可以揮金如土的男子；那個「為了我」，可以連工作都不管的男子……搞不好就真的只是個可以動不動就無視他人、花錢如流水、不想工作就不去工作的無良男子而已。

而所謂的「為了我」，充其量只是他順手拿來使用，增加你罪惡感的藉口而已。

＊＊＊

這個社會，也許還不算真的很平等，但理應是一個讓單身男人、單身女人都能以自己為中心，好好獨立活著的公平社會，至少那也該是社會中的每一分子都要努力前進的方向。

只有在這樣的環境裡，站穩自己的位置，認識自己想成家背後的目的，認清自己與他人建立關係的互惠與平等的特質，而不是被各種美好幻想所自我蒙蔽，被內建的欲望與人性弱點所控制而不自知，那才是真正能夠建立起可靠、親密關係的第一步。

渣男缺少「同理心」及「親密關係」等四種能力

「所以，醫生……我的男友／先生，真的就是個禽獸嗎?!」

很多時候，在聽到動物行為學的觀點後，難免有不少人，因此對人性感到絕望。

確實，試圖用比較「生物」的面向，解讀所謂的「兩性戰爭」，多少是希望人們能認清，當你面對難堪的「現實」，發掘你從來不曾知道的「事實」之後，**隱藏在人心深處赤裸裸的「真實」，也就是所謂的獸性，並不是少數，而是相當實際的存在**。

但人之所以可貴，是因為他也時時刻刻，一直在用他獨特的人性，努力地和內在的獸性對抗。這也是我們沒有辦法否認的，另一個向度的真實。

絕大多數平凡人的日常是這樣：相信自己不會遇到壞人，單純地過著生活，談幾場心動的戀愛、承擔幾次傷心的分手……另外一些人呢？他們對於人性，有著獨特敏感度，也可以理解人性的真實面，因此在眾多緣分開始時，就適當地篩選到可以長久相伴的那一份情感，共度人生。

後者是很多人內心的期待，更是傷心人認為可以安慰破碎真心的內在良方。但是，這世上從沒有可以完全洞悉人心的智慧，所有的「後見之明」，只是「事後諸葛亮」，而多數的「先見之明」呢？充其量也只是更多的不信任、更多的小心翼翼而已。

「所以呢？一切都只是幸與不幸嗎？我已經好小心了啊，但還是遇到了……」

積極投入愛情，但正視風險

雖然，「風險」應該就是這一切問題最核心的答案，但那並不表示我們就此完全無能為力。尤其是，如果我們不冒險將真心投入一段關係中，沒有人能真正看到兩人長期相處後，最終會形成什麼樣的互動型態。

在這種狀況下，我們就更不可能用無限逃避風險的方式，冀望自己能夠獲得安全，除非我們完全不打算和另一個人建立親密關係。

＊＊＊

心理學家理查．魏斯曼（Richard Wiseman）在他的著作《幸運人生的四大心理學法則》（*The Luck Factor*，二〇〇三）中，提到很多科學的實驗和觀察後發現，**多數的「成功學」都是後見之明**，也就是說，只有「事後解釋人為什麼成功」，完全沒有「事前照著什麼方法做，結果大成功」的例子。

但幾乎所有成功者，都有著某種程度的「好運」。但這種好運不是有意識、用刻意的方法創造出來，而是當事人無意識的行為模式所產生，而其中最重要的關鍵就是，「不要放棄投入，甚至積極投入，但盡量只接受可承擔的風險。」

以事業的角度來說，成功者從不放棄接觸各種機會、相信各種可能。他們會積極投入，但很少做驚天動地的大投資。那些放在傳記裡的驚濤駭浪，都不是成功者事業獲利的主要成分。絕大多數成就的累積，大多都存在平實而穩定的成長中，透過長期穩定獲利來得到的。

你必須維持自己獨立的人格

對愛情來說，也是如此。

守身如玉、小心翼翼並不會讓你一定能閃過渣男，但必然會讓你錯失一段又一段存在著各種可能性的良緣。但願意拓展關係，試圖認識可以建立親密關係的對象，也不意味著瘋狂地下注，就可以保證未來必定成功。

所謂「可承擔」的風險，不只是「有限度、設停損」的投入，而是還要盡力維持自己獨立的人格。

另外，也還意味著不要自我欺騙，要相信人性的光明與獸性的黑暗並存。與另一半「共同投資」這段關係時，要隨時檢視關係中的互惠與交流，資訊交換的對等與公平。

但是，有時候，在「可承擔的風險」之外，確實可能有一些「致命的風險」存在，這是絕對要在事先就盡全力避開的。

毅然決然的斷捨離

或者說，當很不幸，發現自己竟然陷入那樣的風險時，毅然決然地斷捨離，逃離開陷阱，幾乎可以說是面對這種可怕風險的不二法門，而這也是我認為面對各種嚴重病態人格渣男時的鐵律。

- 「醫生，我真的覺得我的男友／先生有病，人的行為怎麼可以這樣離譜?!」
- 「我覺得一切就是你說的那樣，而且他好像什麼都有！冷血得像反社會，自以為是的時候充滿了自戀；裝無辜的時候，戲劇化地欺騙所有人；坑人的時候，彷彿全世界都欠他般地死死依賴別人……」

在苦主理解這世上確實存在著，這類「損人，但又害己」的人格異常之後，這樣的抱怨，是相當常見的。而其中的某些問題，到現在也還困擾著精神科醫師。

我們很清楚這世上少有完人，每個人的人格內在多少都有些缺陷。當對這個世界不滿時，我們也會想「反社會」一洩憤；對於自己的價值，也會有期待自己是世界的中心的自戀心情；面對身邊重要的人、事，難免也有些「愛之欲其生，惡之欲其死」的邊緣行為……

這些小小的「瘋狂」，是多數人可以接受的偏差，是壓力之下，情有可原的發洩。

但令人不解的是，這樣的偏差，在某些人身上卻可以離譜到無法自拔，最後不但害了自己，也無法與他人和平共處。

為了不要陷入「任意將人用精神異常給汙名化」的錯誤裡，現代精神醫學在這方面設立一個重要的原則，那就是：**任何的異常，必須強烈到造成個人臨床上的嚴重痛苦，或社會功能的明顯損傷，才能夠被認為是一種「病態」**。

也就是，要不是當事人本身就身受其害，不然就是一定要有明確受害的「他人」，才足以認定問題確實存在。

不過，這在實際的生活裡，離多數人的期待有段距離。畢竟大家希望的，是能「料敵機先」。在當事人造成傷害前，就把這樣的人給抓出來。但實際上卻又是，在這個人還沒真的造成傷害之前，並沒辦法事先「預防性」地將這樣的人，完全隔絕在潛在受害者的人際關係之外。

＊＊＊

另一個困境是，從一九八〇年代開始，《精神疾病診斷與統計手冊》（*The Diagnostic and Statistical Manual of Mental Disorders*，簡稱ＤＳＭ）分析各種病態行為，並訂出三大類、共十種的人格違常後，就**發現好像愈嚴重的人格違常，就愈有可能符合不只一種以上的病態描述**。

這造成很多嚴重的人格病態，會分類在不同的人格違常中。這在預後的分析預測，以及處理的方法研究上，因此容易產生歧異。

那麼，究竟有沒有更好的方法，檢視人格特質中的重要部分，讓我們能夠用更好的方法，在臨床實務上做到偵測、分類，甚至處理相關的人格違常問題呢？

這一點，在八〇年代之後，心理學家、精神科醫師一直都不斷努力。二〇一三年，美國精神醫學會綜合過去的研究，發表「人格功能階層」（level of personality functioning scale）的概念，並將它放進目前最新的診斷標準的未來參考方向中。也就是，在正式診斷上還沒採用，但讓臨床醫師用這樣的概念，嘗試做病態人格的分類和進一步的檢視。

這幾年來，我所使用的結果，我發現它確實是一個相當實用的方向，可以將問題聚焦在人格特質中幾個相當重要的功能向度。

也就是，除了正式診斷、給予標籤之外，還能夠更直接面對「產生問題」的癥結點。這不只在幫助當事人時，可以產生更直接的效果，也可以幫助當事人身邊的關係人，釐清互動之間問題產生的根源。

「人格功能階層」將人格的功能向度分為四個部分，分別是「認同」（identity）、「自我指引」（self-direction）、「同理心」（empathy）、「親密關係」（intimacy）。其中，「認同」與「自我指引」是個人內在的重要功能，而「同理心」與「親密關係」則是個人在人際關係上的能力。

一、「認同」

此處所謂的認同，指的是「經驗到自身的獨一性，在自己和他人之間有著清楚的界限；穩定的自尊以及準確的自我評價；在情緒經驗上，有相當的包容力和調整的能力」。

所謂的「獨一性」（unique）不完全是獨立，或者獨特。每一個人都可以，也必須是獨一無二的，不是任何人可以替代的存在。

他可能沒辦法完全獨立，例如一個孩子就難免需要依賴他人，但他不能因此就被當成一個「附件」。同樣地，他也不需要多獨特。很多時候，**我們也只是芸芸眾生之一，雖然平凡、不特殊，但不會因此就被剝奪屬於自己的存在價值**。

而也只有個體的獨一性被自己清楚確認了，才能依此和他人之間分好界限。

而人格違常會在這裡，產生各種不同型態的錯亂。

◇反社會型人格會將自己的獨一性曲解為「**排他**」，因此他就是世界的中心，所以他可以任意地宰制、忽視別人的存在、侵犯他人的權益。

◇自戀型人格的問題，在於將獨一性曲解為「**獨尊**」，而且這種獨尊的狀態，顯然凌駕於他人之上。他就是這個世界的中心，而這個世界必須要崇拜他、愛他，他也因此可以為所欲為。

◇依賴型人格會抹煞自己的獨一性，扭曲成「**孤獨**」，因此他需要完全依附在某個他人身上，從此模糊自己與他人的界限，要求他人完全地為成為寄生蟲的自己負責，並將一切的問題都怪罪在他人身上。

◇妄想型人格則雖然有相當獨一的自我認同，但完全誤解他人對這份獨一性的解讀。**他認定他人對自己的所作所為，必然另有目的**；認定人我之間的界限，必然會受到他人的侵犯。

◇邊緣型人格有時認為自己既**獨特又重要**，但有時又覺得自己**孤單無助到必須完全黏附在他者身上**。

＊＊＊

由於這樣的錯亂，自我的認同就很難有穩定的自尊，和正確的自我評價。反社會型人格的目中無人、邊緣型人格的起落不定、妄想型人格的懷疑一切、自戀型人格的唯我獨尊、依賴型人格的媽寶怯懦、強迫型人格的絕對規範……當一個人對自我的定位，明顯偏離現實，所有因此衍生的對外行為，都會因為錯誤的評價而扭曲。

而這一切，當映射在情緒控制上而產生問題時，要不就是因為情緒容量有限，動不動就因為一些小刺激被無端放大，產生很大的起伏；不然就是因為自我情緒調節能力的失控，導致各種離譜的過度反應。

二、「自我指引」

人格會自動將個體的行為，導往固定的模式和方向，我們常常藉此「感覺」出他人的行為模式。

最常掛在我們嘴上的，就是對某些熟識的人，提出「他這人啊，說這些話、做這些，就是他的本性」的這類評價，這就是某種對他人很本能式的人格描述。

這種人格的自我指引，即是「追尋一致而有意義的短期／生活目標；在行為上採用有建設性的、符合社會的內在標準；建設性自我反省的能力」。

＊＊＊

人只要活著，都有某種生活目標，不管自己有沒有意識到目標的存在。人類在本質上是活在「此時此刻」（here and now）的生物，追尋長久飄渺的生命意義的，反而是少數。

這部分在精神醫學上並沒有太多的價值判斷，例如一個平凡的人，每天努力工作，即使他的目標只是「這個月拚全勤，想辦法領到獎金」，都可以是一個「有意義的短期生活目標」。

但有某些時候，人心會因為各種原因而迷失。憂鬱症患者可能會因為疾病的影響，認為「一切都沒有意義」，覺得生命充滿空虛和沒有目標。一般人則多數是受到外在的影響，例如一個運氣很背的一天，或一個被朋友出賣的事件，有時就讓內在的標準產生動搖，進而懷疑存在的意義。

但是，這些不管是發自內在的疾病，或來自外面的打擊，人類都有可能自我復原。再嚴重的，只要有好的幫助，也多半能讓人回復到本來的模樣，或至少可以修復成另一個足以回到人生、再度面對生命的狀態。

但，人格違常者不是。

「愛」只是作為欺騙的遮羞布

就像希斯・萊傑所扮演的經典電影《小丑》所說的台詞：「我就像是追著疾駛狂奔車子的狗，就算追到了，我也不知要做什麼，但我就是會去做……」**多數的人格違常者都可以「講」出一嘴的好「人生目標」**，但只要詳細觀察他們的行為，就可以發現，從「投資人生」的角度看，他們很少真的專注在他們自己所說的人生目標上，或者認真地珍惜身邊的「他者」。

如果是狂熱追求的渣男，這樣的「破綻」很容易被「因為我愛你」給遮掩住。

他可以視道德規範如無物，「為了你」和全世界唱反調，放棄工作、視他人如草芥，只因為「他愛你」，卻完全不提這一切，都是他自己反社會傾向的結果。

他也可以告訴你，他身邊曾經有多少「好長官」、「好麻吉」，但後來他們全都背叛他了。他們都沒有你那樣地懂他、那樣地理解他，「擁有你，他就擁有了全世界。」但卻完全不提自己的邊緣傾向，是如何曲解身邊所有人、傷害所有人，並且拿你作為藉口。

他們不是「為了你，放棄生命中重要的目標」，而是他們本來就沒有足夠穩定、一致的生命目標。

「愛」只是作為自我辯解和欺騙的遮羞布，並藉此順便建立虛假的親密關係，以方便剝削另一半而已。

三、「同理心」

同理心是人之所以為人的重要能力，甚至可以說是「人性」的核心之一。即使是動物，只要牠能對人類、對飼主表示出一定程度的「同理」和愛，人類幾乎也會毫不保留地將小寵物的地位，提升到「家人」的層次。

當聽到你回家的腳步聲，小狗就迫不及待地衝到門口迎接；當你心情不好的時候，牠會變得更安靜，或湊過來依偎你，給你溫暖。那種「牠好像理解我，然後有了那些對我好的行為」，對任何主人來說，都是很正向而溫暖的情感連結。

當然，**同理心不會只是「懂我」這麼簡單**。光同理心，就可以寫一本書。但在人格功能階層的定義裡，只用了很簡短，但實用的語句來描寫同理心：「對他人經驗與動機的領悟（comprehension）與賞識（appreciation）；容忍不同的觀點；瞭解自己行為對他人的影響。」

這裡的comprehension常常被翻譯成「理解」，但實際這裡的含義，要比realize的理解更深層，所以我用「領悟」這樣的名詞，意味著與他人更深的一種同情共感。

一個想要幫孩子搶演唱會門票卻失敗的媽媽，氣急敗壞地破口大罵。直觀上，是讓人厭煩的，但若願意用更深層的角度體悟，感受到當事人是基於什麼樣的愛和情感，才做這樣的事，那麼，就可能達到更深層的同理。

而appreciation的中性翻譯是「評價」，但當我們在表達感激時，也時常使用這個字，所以此處我用「賞識」突顯這裡的正面意涵。

由於**同理心的重要任務，是要與他人形成有意義的連結**，所以如果無法在這樣的連結裡，產生任何正面的意義，那麼所謂的同理，很多時候也可能會淪為「人性本惡」的解讀。

如同之前提到的那個買不到票的媽媽，如果對於她的動機「評價」，只停留在「因為失落而導致的憤怒與不理性的發洩」，那其實也就只流於表面。

但若能更深層地去感受母親沒能說出口的動機，也許那個動機，是想和女兒拉近距離，也許是她感受得到那張票對女兒的重要性，所以才會有那種反應。

那麼，那種對動機的感受，就可能深入到一定程度的「賞識」。通常也必須要從這樣的感受作為起點，才可能去和這位氣急哭泣的媽媽，做有意義的連結和對話。

渣男沒有同理心，但會利用別人的同理心

但這樣的能力，幾乎所有的人格違常者都缺乏。這也是多數人在承受人格違常者的關係剝削時，最常，也最早出現的痛苦抱怨之一：「他完全的自我中心，完全不相信、不理會我的感受，根本就沒有同理心。」

由於**他們沒有能力「站在別人的角度」想事情，所以一切的故事就都是他自身架構的「小劇場」的對外投影**。

邊緣人格的受害者會很錯愕地承受著洗三溫暖般的感受，驚覺明明都是自己，怎麼之前可以是天使，現在卻變成魔鬼；而自戀人格的受虐伴侶，通常也只能被貶低為一文不值。彷彿過去熱戀時的輕憐蜜愛，竟然都只是對方一時的施捨……

但這樣的自我中心與沒有同理心，同樣可以在早期交往時，在「愛情」的假面具下，偽裝得完美無瑕、找不出問題。而其中一個關鍵是，渣男雖然沒有同理心，但是他們可以利用別人的同理心。

＊＊＊

「但是，一開始的時候，他真的很懂我，幾乎生活中的所有貼心的事，他都做得超級完美！」

表面上看起來確實沒錯，但這個故事的最後，現出原形的，是一個被公認最沒同理心的反社會人格渣男。

就像之前所說，**「懂我」只是具有同理心的一個很表淺的表現**。獵人也一樣很懂得他的獵物啊！獵物在哪裡出沒、愛吃什麼餌食、什麼時候睡、什麼時候起，高明的獵人，一樣可以摸得清清楚楚。這哪裡是同理心呢？但**被愛情沖昏頭的人，會不由自主地用各種正向的角度，去理解、評價對方的動機**，這就是為何「愛情是盲目的」這句話，可以是千古至理的原因了。

四、「親密關係」

親密行為是人格功能向度在個人與他者之間關係的一個最重要的考量點，特別是在現代社會、網路時代，社交軟體橫行，很多人與人之間的連結相當膚淺，甚至是虛偽的。有愈來愈多的研究顯示，社交軟體會嚴重扭曲每一個人的形象，我們會不由自主地過度散發正能量或負能量，通常以失控的正能量居多，美食、美景、燦笑的自己或他人……

但是即使在這樣的環境底下，人類仍然還是要回到現實，**仍然要有一定程度的親密關係，才有辦法作為一個社會生物的一分子活下去**。

魯賓遜在遇到土人「星期五」之前，我們不用思考魯賓遜是什麼人格，甚至如果他是凶殘暴力的反社會人格，說不定存活下去的機會還更大。但只要他需要和另一個他者形成同盟，而他卻沒有足夠的人格能力來和他人形成親密關係的話，那麼，一切後續的發展就都不可能。

渣男無法尊重他人

在人格功能階層的定義裡，對親密關係的描述是：「與他人的正向連結能夠達到足夠的深度和維持足夠的時間；有建立親近關係（closeness）的欲求和能力；在人際行為上反映出相互尊重的本質。」

所以親密關係包括、但不限於愛情。多數人，包括多數的人格違常者，都還是期待能和他人建立親近的關係，雖然有某些特殊的人格特質，例如前文不曾提過的「畏避型人格違常」，由於這類人的特性就是極端的不願，也無法和人建立關係，因此他們很難和渣男沾上邊。

但人格違常者的問題是，正向連結的深度與維持都會產生問題，而且更重要的是，在人際行為上的相互尊重，這個必須建立在同理心和界限的能力，在人格違常者身上，幾乎是不可能的任務。

不過，短期的親密關係並不是難事，尤其是表相上的虛偽「相互尊重」，可以用不同的型態，藉由愛情的掩護，暫時欺騙對方。

◇**邊緣型渣男絕對可以在戀愛初期，非常「尊重」對方**。

特別是當你的位置，還處在「全好」的聖女地位時，你講的話，基本上就是聖旨。所有的動機都是天使對他的疼愛，他不可能不完全以你為天。

◇**自戀型渣男同樣不難在短期、初期時「尊重」另一半**。

但那種尊重，更像是聖王賢君體恤下人，是一種彰顯自身高度的偉大表現。

◇**戲劇型渣男的尊重**，也就更不難理解了。

反正**一切都是戲**，為了成為聚光燈的中心，任何的屈就或聽從，都只是這個名為「尊重對方」的橋段裡，必然要有的表現。

◇**就連最不尊重他人的反社會型人格渣男，也都可以暫時「尊重」對方。**

因為對於獵人而言，任何隱忍都不難做到，特別是當他有把握，接下來的好戲，就是充滿快感的殺戮行動時。

***

另外，我想提，很多人格違常的當事人，在各種研究上都顯示童年發展有很高的機率，有某種關係障礙存在，特別是以兒虐居多。

而這樣的事情，常會在渣男口中，以一種「命運乖舛」的劇本出現。不然就是重要的家庭關係人，在本質上就是渣男的「共同依賴者」，這也就**更容易讓陷入愛情攻勢的女性，對人格違常者賦予過多的同情與憐憫。**

從「受害者」、「迫害者」、「拯救者」三角色剖析渣男

「為什麼又是我？為什麼總是我？真的是我做錯了什麼嗎？……」

雖然多數時候，治療者會希望在愛情中受傷的當事人，能夠盡早從親密關係的傷害中恢復；也希望每一個受傷的人，都能為自己賦能。畢竟檢討受害者，永遠是最不需要去做的事，但確實有很多時候，我們會覺得所謂的「渣男磁鐵」，或許真的存在。

和一般人想的不一樣，多數人總以為性吸引力一定是渣男選取獵物的首要條件，但實際上呢？就像賴奕菁醫師的書《好女人受的傷最重》所寫的一樣，很多時候，**最容易被欺負的，往往就是所謂的「好」女人**。

女性被「好」所綁架

但這裡要特別澄清，什麼叫做「好」，這裡的「好」又是怎樣定義。

國外的YouTube曾經做過實驗，請一群六到八歲的小女生，讓她們表演「女生是怎樣跑步的」。這群天真的小女孩，幾乎每一個都毫不猶豫、自顧自地就原地跑起來。每一個人都用自己的方式，豪邁地擺動手腳，沒有人對自己產生任何懷疑。

但鏡頭一轉，改成讓一群十八歲的少女，請她們表演「女生是怎麼跑步的」。她們的反應幾乎都是愣了一下、思索了一會，然後帶著點靦腆，開始扭扭捏捏，用一種相對上比較做作的方式，在原地「模仿著」女生跑步的樣子，即使她們自己本來就是女生。

這些就是社會和文化背景因素的影響。

女性幾乎不可能完全維持她「天生」該有的樣子。女性在成長過程中，不斷被各種文化教育和社會觀點改造。古代社會中的渣男故事，細看，就會找到背後隱藏的文化社會觀點。

例如，古代渣男故事的代表陳世美，他的問題並不是他有一個以上的配偶，因為在古代三妻四妾，根本就是很平常的事。陳世美的問題是，為了追求名利，他不能讓身分高貴的公主，喪失「正宮妻子」的地位，但他早就有真正的正宮秦香蓮，而且這位正宮，還滿足所有華人古代故事幾乎都有的橋段，那就是支持丈夫／情人上京趕考，自己苦守寒窯、侍奉公婆。

整個故事裡，女性求取公道的「正當性」，幾乎全架構在「謹守婦道」上。試問，在這樣的社會氛圍底下，有哪一個女性，不會死命地追求貞節牌坊？而這樣的土壤，也幾乎坐實「每個男人都可以自在地當渣男」的絕佳環境。

那麼，走進現代呢？即使到了二十一世紀，我還是常常在診間聽到很多情侶，為了結婚的各種大聘小聘傷腦筋，為了兩人的姓氏、兩人的八字生肖問題起爭執。

很多女性在潛意識底下，仍然被這一類的價值觀所綁架。

性別不平等，助長渣男的出現

「請問，你這麼成功，是如何兼顧事業和家庭的呢？」

這幾乎是所有成功女性被新聞訪問的必問題。但請仔細想想，為何男性就不需要被問這樣的問題？難道照顧家庭，就只會是女性單方面的責任？那個苦守寒窯的王寶釧、侍奉公婆的秦香蓮，真的從我們的心底除去了嗎？

所以照顧家庭是不對的？照顧家裡的長輩是多餘的？當然不是。真正的重點是，兩人的親密關係，應該是對等、在人格受到互相理解和尊重的前提下而成立。

關係中的每一個面向，都不是天經地義、都不是「本來」就專屬於某一方的義務。**很多關係的扭曲，當事人沒注意到的是，同時存在兩人心底深處的性別不平等，本身就已經是先天不良的土壤，不可能由單方面的血淚灌溉，就期待能結出良好果實。**

因此，如何從兩人之間的親密關係模式，或者，更精確地說，我們必須從每一段曾經、正在進行中的親密關係，找出我們每個人自身的問題，找到每個人心中先天不良的信念。

最後才有機會，找出為何自己會陷入和渣男糾結在一起的關係陷阱，這才可能跳脫永劫輪迴。

＊＊＊

其中，關於親密關係的互動，「卡普曼戲劇三角」（Karpman drama triangle）是一個很值得參考的概念。

史蒂芬・卡普曼（Stephen Karpman）是一位精神科醫師，他也曾經是美國演藝公會的會員。熱愛戲劇的他，接受另一位精神科醫師，同時也是人際關係分析理論之父艾瑞克・博恩（Eric Berne）指導，將家庭理論中的互動、衝突，改以一種戲劇的觀點，融入對關係中個別人格的觀察，提出戲劇三角的概念。其中，一個很重要的理論是，「人生如戲」這句話的真實程度，遠在我們的想像之上。

我們常常有意無意，在不同狀態下，掉進不同的人生「劇本」，並且扮演特定的角色。例如，面對權威時，我們不由自主地就把面對父母的角色拿出來用。面對比我們卑下的呢？我們又會搖身一變，成為一個頤指氣使的上位者。這些都不能說是人格分裂或善變，而是同一個人格，在不同劇本裡，戴上不同的面具而已。

在卡普曼戲劇三角中，三個端點分別站著三個不同的角色。「受害者」（victim）、「拯救者」（rescuer）和「迫害者」（persecutor）。

「受害者」：受害者最常見的內心小劇場的標準台詞是：「我怎麼這麼可悲、可憐！」

受害者自覺受害、被壓搾、無助、無望、無力，容易伴隨羞惱的情緒、無法做決斷、沒辦法解決困難、感受不到生活中的光明面。

「拯救者」：拯救者內心小劇場的常見台詞則是：「我應該站出來幫忙！」

典型拯救者的角色，常常會因為自己沒出面做些什麼，覺得不安、內疚。但**通常拯救者的努力，會衍生出負面的影響**。例如，反而促成「受害者」更多的依賴，轉移「迫害者」的部分責任，也讓「拯救者」看不見自己在關係中的盲點。包括拯救者本身其實也承受相當程度的剝削，或者拯救者的努力，其實只是在粉飾太平，讓關係中的問題，被暫時掩蓋或壓抑下去。

●●「迫害者」：迫害者內心小劇場的經典台詞就是：「都是你的錯！」

在關係中進入迫害者角色的人，會非常想要控制、責備、壓迫對方。內心總是充滿著憤怒與焦躁。在關係中，意圖凌駕對方。

憤怒自動將人帶入「受害者」角色

在健康的親密關係裡，沒有一種角色，會需要讓人對號入座。但這樣的戲碼，總是偶爾會上演，通常都是在親密關係裡產生一些壓力，而當事人又無法用比較創造性的方式因應時產生。

最開始的誘發點，通常是某一件「意外」，或由意外引起的「陳年舊怨」。例如，突然有一天，公司要加班，或某位重要的朋友有事，需要打擾你原本的生活規劃，也許是你自己需要和另一半說明，或是另一半要請你通融……

但無妨，意外的事，人生常見。即使打亂了原本的生活，但多數人當下也就接受了。可惜「福無雙至，禍不單行」的莫非定律，在人生中也一樣常見。如同電影《小丑》裡的一句名言，「只要夠倒楣的一天，最理性的人也能發瘋。」

既然打亂生活的計畫，那麼，就只好請另一半好好地安排吧。但接下來，卻有可能你決定出門購物，卻遇到下大雨；原本你打算開的車，卻被另一半開走了；也或許是你只是和同事唱歌唱得太投入，沒及時接到另一半很重要的電話，而另一半的憤怒和懷疑，像雪球般愈滾愈大……

當糟糕的事發生，憤怒會自動將人帶入「受害者」的角色劇本，於是，受害者的標準台詞，也會跟著出現：「天哪，我怎麼這麼可悲、可憐！」

在一段還算正常或平凡的親密關係裡，**「受害者」一旦出現，另一半就必然會被拉進相對應的角色裡。比較正面一點的，另一半會趕快將角色轉換為「拯救者」**——努力彌補、解決你所面臨的痛苦，甚至迫不及待地道歉，即使連讓你生氣的原因，另一半都還沒弄清楚。

但也有可能另一半立刻把自己放進「受害者」的角色。另一半開始將問題歸咎於你的不夠理性，或是你過度小心眼。

但最糟的是，另一半直接跳進「迫害者」的位置。用情緒剝削的方式，甚至動用言語或行為暴力，企圖鎮壓這次的意外風波，和背後沒被看見的關係問題。

＊＊＊

這樣的卡普曼戲劇三角，只要上演一次，就會拉扯一次本來還算和諧的親密關係。

如果產生的裂痕可以修復，那麼，這段關係或許還能走下去，但很多時候，不斷的循環，或兩人之間有著各種無法磨合的歧異點，使「意外」成為常態。當拉扯的裂痕愈來愈大，這段關係到最後，大概就是以破裂收場。

人格違常者的角色，混亂、強烈、沒有理性

但是當你面對的是人格違常的渣男時，這一切就不會是大哭一場，或找個朋友聊聊就能解決的事。

人格違常的渣男在將你扯入卡普曼戲劇三角時，那種時機的令人錯愕與力道之強烈，不是曾經身歷其境的人，是難以理解的。

首先，人格違常者的角色扮演，多半是混亂、強烈、沒什麼理性可言。**除了可以完全莫名其妙，就把你拉進那個劇場裡之外，你的角色將隨意地被渣男擺弄。**

由於他自身的劇本就充滿自以為是的邏輯和混亂，你當然也會被硬塞在任何一個角色裡。

●你隨時可能被指控為「迫害者」。

◇當你陷入**邊緣人格渣男**眼中的「全壞」狀態時，你沒有一件事會是對的。所有的言語、過去發生過的任何小瑕疵，都可以被放大解讀。

◇當你面對**自戀人格渣男**的指控時，你會成為刻薄寡恩、不懂得感謝，竟然無恥踐踏他高尚愛情的賤女人。

◇**戲劇型渣男**則會在自己拈花惹草時，還同時對全世界演出，指責你是如何地傷害他，讓他不得不去尋求其他人的安慰……

●當然，你也必須成為「拯救者」，因為這些都是你應該做的。

◇**依賴型渣男**會把他媽寶的行為模式發揮到極致。在對你需索無度的同時，也控訴你是如何地與「好女人／好媽媽」有著天差地遠的距離。

◇**反社會型的渣男**，則會毫無愧疚地要求你承擔起乖乖讓他剝削的角色，並對你所遭受的痛苦視若無睹。

至於「被害者」呢？

不用你對人控訴，人格違常的渣男通常都會惡人先告狀地四處宣傳，且更加毫無罪惡感地折磨你，因為這一切都是你的錯。

他們自以為理直，**扭曲各種道德原則來綁架，濫用各式情緒勒索**。以愛之名，不斷地對你遂行各種關係凌虐……

從拯救者→受害者

多數時間，渣男的劇本角色是混亂而變換不停的，而你被強扣的帽子，自然也是如此。

從一開始，你是他生命中最重要的拯救者，變成導致你們關係生變，導致他各種不忠行為的罪魁禍首。接著，各種「活該的」受害者角色又會降臨到你身上，但又可能接續各種誇張的認錯、道歉，感謝著、祈求著你，能夠再度回到他生命中，成為偉大的拯救者。

「渣男磁鐵」產生原因

但這樣的現象，還是不足以讓大家理解一個最重要的核心問題：「為什麼，你會是那個倒楣的關係人？」

這個問題的答案，最終還是要從文化、社會的角度，從關係互動的過程尋找，這也是我們必須花時間，用卡普曼三角的模型，瞭解親密關係產生衝突的動力分析，最終理解到「渣男磁鐵」產生的可能原因。

＊＊＊

一般來說，渣男磁鐵在關係三角的不同角色裡，都會呈現出某些弱點。

△例如在「被害者」角色裡時，很容易讓人問出面對家暴受害者時，最容易問的問題：「為什麼一直受虐，還不離開？」一樣，渣男磁鐵的性格特質，很容易流露出某種特殊的受虐體質。**她們會不由自主地被斯德哥爾摩症候群給控制，只想用更多的付出，改變親密關係的困境。**

△而當渣男磁鐵被放進「拯救者」角色的時候呢？這時候，被同事戲稱為「真愛無敵症候群」的愛情信仰，常常會在這時候開始產生作用。一方面，將渣男過去的某些行為解釋為「真愛」，並且念念不忘；另一方面，還因為某種信念和愧疚，**希望用更多、更無私而自虐的愛，去「感化」對方**。

△至於「壓迫者」的角色，這個多半是被渣男硬扣的帽子和黑鍋，但其實在某些特定的狀況下，也不是完全無跡可尋。

很多女性被一些本質上是性別搾取的價值觀所控制而不自知，並將那樣的期待，例如像是女人要有美滿的家庭，或者要有童話裡的王子公主般的美好未來，才是圓滿等等，加諸在自己的親密關係上。

除了這樣的期待本身就不太可能之外，也很容易因為美好期待，讓渣男有著可以使用詐騙手段，趁虛而入的空間。

這些渣男磁鐵在關係中的不同弱點，在接下來的文章，會有更詳細的探討和說明。

「為什麼受虐的她，不逃走？」

好女人受的傷最重。

「這就是傳說中的抖M體質（受虐）嗎？我難道是個潛在的受虐狂？」SM是個常常被人與色情概念做連結的縮寫。虐待狂（Sadism）和受虐狂（Masochism）的概念，一直被放在性心理疾患的診斷中，直到最新版的《精神疾病診斷與統計手冊》，才將「知情同意」下的行為排除。認為若是「一個願打，一個願挨」，那麼就是沒問題的性偏好。但如果當事人在這樣的狀態下覺得痛苦，或者非自願，那麼就仍然是某種程度的性心理異常。

但在這裡提出來，最主要的目的是想提出一個概念，也提醒大家，人類有時候會把心理和肉體上的痛苦、喜悅相互混淆。

認知錯置

「可，那是病啊，不是嗎？」

就像本書一開始提到的，很多人類的異常心理，本質上是一個「光譜」般的現象，也就是說，幾乎每一種異常的「症狀」，在正常人身上都有機會出現，只是程度很少、頻率很低而已。

例如，一個很有趣的心理學問題，請問在相同關係和狀態下，哪一種情形，男性對女性的求愛比較可能成功：花園散步時？圖書館念書時？打完網球後？答案是「打完網球後」。

這結果會讓多數人覺得不可思議，但實際的解釋，卻相當具有神經心理學的根據。

因為剛打完網球，通常會處在「臉紅心跳」的狀態下，這時如果被邀約、被告白，女性很容易把這種生理的感受和戀愛時「小鹿亂撞」的感覺混淆，這也是為什麼在這個實驗裡，這三個不同組別的女性，對於求愛男性的「評分」，就屬「打完網球組」的分數，明顯高於另外兩組。

其實，這類「認知錯置」原理的應用相當多。例如，當你緊張時，你不斷告訴自己：「我好興奮啊！因為就要成功了，看我激動成什麼樣子。」心理學的實驗也告訴我們，這樣的策略確實有效。這樣的「自我催眠」，在很大的比例下，可以將焦慮對自我表現的傷害降到最低，甚至還會因此讓臨場表現變得更好。

＊＊＊

所以，看到了這樣的結果，我們總不能認定「人類怎麼那麼好騙，那麼黑白不分」吧？因此，在關係凌虐中的女性，為何會彷彿失去了理智，原因當然也就不難理解。

但通常還不僅止於此，除了個人的因素，我們的文化，也在認知錯置這件事上，幫了很大的倒忙。

「我這樣打你，一切都是為你好！」這類的話，相信很多人從小聽到大，甚至自己也會說這樣的話。

但如果冷靜下來想，其實不難發現，這類言語的背後，更大的部分只是在為自己取得發洩怒氣的正當性。我們不否認某些行為的背後，有責善規過的目的，但沒能正視當事人因為強烈的憤怒而發動的行為暴力，那也沒辦法公允地解析出當事人的行為動機。

但因為我們都習慣了，習慣替施暴者的行為，找出「正當」的理由，忽視掉潛藏的「不正當」因素，這就讓我們本來就很容易「認知錯置」的狀況雪上加霜。

再加上，**沒有一段關係，不曾有過一段「甜蜜的美好回憶」，而為了維護那份「美好而甜蜜」的信念，我們就更義無反顧地欺騙自我。**

受虐者心理陷阱

然而，在「認知錯置」之後，還有更強大的受虐者心理陷阱在等著。

心理學家還曾做過另一個有趣的實驗。讓一個女性「裝成考生」，但這個考生身上被黏著可以通電的電線，只要她表現得差、做得不好，就會對她電擊。但其實這一切都是假的，女考生不會真的被電，她只是演得很像。當實驗進行時，女考生還會演得頗誇張，又是尖叫，又是哭泣。

但重點是，研究者找了很多組不同的人，觀察這個過程，並且請他們評價這個女生。問他們認為這個女生夠不夠努力、夠不夠認真，甚至請觀察者對「受虐」的女考生做出人格的評價，請他們直說「會不會喜歡這個人、會不會想跟她做朋友」。

但是，這幾組在設計上有一個小小的不同。他們被分成兩組，其中有一組，他們看到當考試結束，女考生得到很好的獎金作為補償；但另一組，則只看到女考生「白白被電」。

最後這個實驗結果，相當令人驚訝。因為「看到女生白白被電」的那一組，竟然會對女考生，有著比較強烈的負面評價。

＊＊＊

「怎麼會這樣？受苦、沒有回報的人，會讓人有更差的印象分數？」

答案真的是如此，而背後的道理也很簡單。

我們人類在面對各式各樣的「慘劇」時，大概只有兩個方向可以怪罪，一個是怪當事人，另一個就是怪罪當事人以外的世界。

因為人性期待公道，所以發現不公道時，若不是對外討公道，就只能回過頭來說：「你一定做錯了什麼。」

這時候，**文化背景在這道傷口，又再一次撒上鹽巴**。為什麼好女人受的傷最重？因為好女人在我們的文化裡，被要求「反求諸己」。

一旦有問題，先怪罪自己是不是有錯，先想盡辦法找出自己的「錯」，一定要讓自己做到盡善盡美，才敢開始懷疑別人。

再加上，所有渣男營造的「甜蜜關係」的記憶還沒消散。**既然那個「甜蜜」的認知不該是錯的，那麼，能夠「看不順眼」的，也就只有那個「我應該真的做錯了什麼吧？」的自己了**。

＊＊＊

經過連續兩記認知失調的重槌後，很少有女性不會因此而喪失自信。

和多數人以為的不同，認知失調並不意味著女人「笨」，而且多的還是**各類「人生勝利組」女性，會在這種關係剝削裡苟延殘喘**。

就是因為知識夠高、學識夠厚，才會更加一意孤行，替這段已經明顯腐敗的關係，尋找各種理由。也只有夠有頭有臉、夠在意「社會觀感」的女性，才會為了企圖維護「本來就建立好的」完美形象，努力用自己的血淚，試圖黏合那讓人不堪的殘破。

「沉沒成本」＋情緒反差

然而，這樣的努力，還要面臨最後一個可怕的認知陷阱。這個認知陷阱，是一種「沉沒成本」和「情緒反差」的綜合。

沉沒成本，很多人耳熟能詳，但透過反差而產生的情緒效果又是什麼？

在精神疾病中，有兩種很特殊的「犯罪型」疾病，分別是「偷竊癖」和「縱火狂」。這兩種狀態之所以能夠達到「病」的程度，基本上都是損人而不利己。

以偷竊癖來說，病患通常完全不需要他所偷的東西，甚至很多偷竊癖家裡很有錢。那麼，為什麼他們要偷、要縱火呢？

其中一個核心的關鍵是，他們在做這些事之前，整個人的身心會進入很高壓、很緊繃的狀態，而通常在「完成犯罪」之後，這個緊繃狀態會突然得到解放。**而這種解放感，會讓病人深深迷戀而無法自拔。**

壓抑之後的快感

「可是，這是因為他們有病啊?!」

喝了苦茶後的回甘；看著各種虐心的戲劇，期待最後狠狠報仇的大結局。就算受虐傾向真的不算嚴重，但**對於壓抑之後的快感，其實那是多數人都有，但多半自覺而不自知的經驗。**

所以，不要責備落入渣男陷阱的女人。不要責備她們，為什麼會輕易被渣男的「道歉」給欺騙了。

對旁觀者而言，道歉就只是道歉，現實上完全彌補不了什麼。

但對當事人而言，那樣的感覺可以擬似所謂的窒息式性愛，虐心之後的反彈、強烈的反差，再加上「從未見過的、驚天動地的道歉手段」，割手的、放血的、說要上吊的、在門口跪一整晚的……那種陷阱，不是一句叫人保持理智和清醒，就能成功逃脫的。

＊＊＊

而「沉沒成本」，指的是買了一檔自以為是的績優股，結果不斷地往下跌，為了「攤平」，只好不斷再投入，不然幾乎血本無歸……不過，在實際生活上，我認為用「賭博上癮」的原理來形容，可能比沉沒成本更加貼切。

在行為心理學上，我們怎麼讓賭博上癮？或者說，詐賭者，最好的招數是什麼？

並不是讓賭徒每把必贏，因為那樣你沒辦法讓他「輸」。最佳的方式是，輸小錢，贏大錢，而且**最好是在賭徒「自以為找到必勝絕招」的時候，讓他贏一筆大的，但輸多筆小的。如此，一直反覆**。

最後，他會相信：「我明明就找到方法了，我一定能翻本、一定能扳回一城。只要贏了，之前的就都賺回來了。」

「是啊，他這麼愛我，我一定能找回那個愛我的他。只要再多做些什麼就行了。這次失敗，是因為運氣不好、是因為我有個小疏忽，再投入就行了。我就要成功了，我就要找回過去那份甜蜜了……」

於是，綜合「反差」和「翻本」，我們看到當事人如何地泥足深陷，受盡凌虐，也離不開渣男的身邊。

＊＊＊

心中一邊懷著對「真誠的愛情」的認知，嘔心瀝血地為渣男找理由，一邊不斷怪罪自己、檢討自己、委屈自己，只因為妄想這樣的付出，可以挽回心目中美好的愛情。

讓渣男不斷地犯錯、不斷地道歉，並且為此痛苦地難分難捨，最後更是拚身家、拚未來地全心全意，像個瘋魔的賭徒般，把自己都賠進去——這就是身為卡普曼戲劇三角中「被害者」角色的女人，難以被旁觀者理解、接受的困境。

體貼的好女孩，容易被渣男利用？

「體貼他人」、「知錯能改」、「自我鞭策」是渣男溫床？

在理解卡普曼的戲劇三角裡，「渣男磁鐵」為什麼會陷入被害者角色，不斷地受虐而無法自拔的原理後，其實，多數當事人只要認真回想，就會發現這段親密關係變質的起點，自己並不是一開始就站在「被害者」的角色。

很多時候，**自己是被渣男直接扣上「迫害者」角色的帽子後，才開始從愛情的天堂落入地獄**。

以下是一個網路社交軟體上流傳的公開留言。一個外遇被抓包的男性，匿名責罵自己妻子的文章。即使多位網友指責，當事人依然絕對地自我中心：

「我是真的知道錯了
如果有機會我都想試看看

有人留言說我老婆離開我很聰明
但我會那麼生氣逼她離婚
還不是因為她害那女孩丟了工作

那時候她安胎明明什麼事情都知道
卻裝作什麼也不知道地跟我過生活
甚至還在背地裡叫我同事包容我
好像我才是被蒙在鼓裡的那個人
那女孩才會生氣地打電話去罵她

而她居然把錄音檔傳到我們公司
害那個女孩沒幾天就被遣散了
我也才發現原來大家早就知道

我聽了錄音檔真的覺得很可笑
那女孩罵了她那麼多的公道話
說她不關心我說她沒有顧慮我的生理需求
她卻只是淡淡地說幾句不好意思能退出嗎

直到那女孩說她沒有比她漂亮才爆氣
你們說她是不是很可笑
她有在乎我嗎？
這樣兩敗俱傷的做法哪裡聰明？
這樣丟自己丈夫的臉很聰明嗎？
如果真的聰明就應該看在小孩的分上挽留不是嗎？
說真的如果我小孩沒有爸爸才是她最大的損失吧！」

文字雖短，但不難理解故事的梗概其實很簡單。男人和公司同事外遇，懷孕的妻子隱忍，但小三打電話去責罵。妻子錄音，回傳給公司，小三因此失去工作。

但除了開頭輕描淡寫的一句「我是真的知道錯了」之外，通篇全都在指責妻子。簡單地講，**他就是想要說服別人「妻子才是迫害者」，而這也是渣男相當常見的套路**。

因為事實很明顯，即使是人格違常的渣男，也沒臉、沒膽敢否認在現實上，自己真的有那麼一點錯，只是這部分一定會被輕輕帶過。那個**「我有錯，但是……」**的「人生的一切就是這個but」的句型，可以說**是這類渣男的最愛**。

一切都是別人的錯

接下來的思考，也完全沒有為他人設身處地的同理表現，一切只有自己，也只能只有自己。所有「繞著我而存在的」都是對的，「沒有為我想的，都是錯的」，這樣的原則，主導所有抱怨言語的核心。

妻子隱忍了、叫同事要包容，這樣不對嗎？當然不對。

就客觀來說，這樣其實就是縱容、就是溺愛。也許妻子真的膽小，也許妻子為了腹中的孩子，甚至還想給男人一個機會……但男人怎麼解讀？他責備地說「我被蒙在鼓裡」。如果可以，他大概想治別人一個「欺君之罪」了吧！

他找不到真正可以怪罪的地方，所以連「隱瞞」這件事都可以拿來指責。但事實是，如果只是「不講開」就是罪該萬死，那麼，背叛婚姻，偷偷瞞著妻子追小三的事情，又該怎麼算？但這顯然不是男人會考慮的。

接下來的言詞，還透露出另一個特徵——**渣男在羅織他人是「迫害者」時，全世界都會是自己的盟友**。不是自己盟友的，都不算數。

＊＊＊

其實小三會打電話給元配，真正的動機、原因是什麼？背後的可能性百百種，也許是相信了渣男的洗腦，要跟「不被愛了」的元配「攤牌」，更可能只是按捺不住的一時衝動……

但在男人的眼中，「把我蒙在鼓裡，她『才』打電話」過去，而且還「罵了很多『公道話』」，連「沒顧慮到我的生理需求」都可以是理由。也許男人只差還沒找到一兩個昧著良心，站在他這邊安慰他的朋友。不然說出來的話，鐵定是「大家」都在替我討「公道」吧！

至於更進一步地，公司有沒有可能有自己的規範，有沒有對於辦公室戀情、私德及可能的違法行為有所要求？甚至有沒有可能小三自己本來就有工作上的問題？這些，顯然再一次被男人完全無視。

一切都是妻子害的，就只因為「曝光錄音帶」。（前面不是才說，大家都知情了？大家都瞞著你，所以你很不爽在大家都知情的狀況下扮笨蛋？那多了一份錄音帶，又有多揭露了什麼嗎？）

至於「小三罵妻子沒關心我，沒生氣」，「說你不夠漂亮，才生氣」竟然也會成為男人不爽的理由，也**更坐實「一切只能以我為中心，沒有以我為中心，就是不對」的人格不成熟所流露出來的潛意識**。

而後面的「你讓我沒面子」、「你讓小孩沒父親（但不怪罪自己做錯事）」，並且指責妻子這樣的作為叫做「不聽明」，也都是這類渣男人格乖離的明證，更是他們任意將「迫害者」的帽子，反扣到別人身上常見的模式。

「體貼他人」、「知錯能改」、「自我鞭策」是渣男溫床？

「但是……那是因為渣男都很有問題啊！不是嗎？」

確實在親密關係裡，很多人格偏差而不自知的人會有這樣的行為模式。而如果是人格違常，更是有著各自不同的奇怪邏輯，將問題都推給他人。

那麼，在這種狀況下，還是有著「渣男磁鐵」的問題嗎？

很遺憾的是，雖然多數這類親密關係中的受害者，通常都是全然地無辜，也大多都不該是需要被檢討的受害者。

但確實有些當事人的人格特質，很容易在人格違常的無理指控裡，快速地敗陣下來，或至少因此而承受著他人難以忍受的痛苦。

這部分一樣要**從個人本質與外在文化信仰兩個角度來看**。但這兩者密不可分，在多數時間裡，它們交互影響著彼此，並映照在每個人的行為特質上。

綜合來說，這類特質在善良人性裡唾手可得，在「正常」狀況下，也幾乎都是美德，像是「體貼他人」、「知錯能改」、「自我鞭策」等。

＊＊＊

體貼的人容易被渣男利用？確實是如此。

體貼他人的第一要件，是相對上放棄太多的自我主觀，尊重他人的主觀，並願意為此付出。

我覺得豬肉才是世間的美味，但對方就是非羊肉不可，儘管背後可以有很多的道理，但體貼的人會做的，就是理解對方的喜好，並且做出讓對方方便的安排。

在多數的親密關係裡，體貼只要做到溝通無礙，彼此對等就可以。

但與人格違常的渣男互動，沒那麼簡單。

＊＊＊

也許一開始，對方就自戀地要求你完全配合，也可能很邊緣地完全把你當最高準則看待，但又會很快地指責你，全然不替他考慮……

但不管怎麼變化，體貼的人都會因為這樣，被拉進不斷地想要理解渣男需求的陷阱裡。

往往要到吃盡苦頭之後，才會發現人格違常的人，之所以會被認為違常，就**是因為他們的標準基本上就是完全的自我、完全的排除他人，他們本身又起伏變動、無法穩定，所以最終也不可能和任何的他人，建立起穩定交流的模式。**

一塊永遠在地震的大地，無論如何也修不了來往的道路；一條永遠在氾濫的大河，也別想建立起能夠溝通的橋梁。

被渣男利用的「知錯能改」

如果體貼的人，會因為努力地為別人著想，像薛西弗斯般不斷對那塊註定滾落的石頭，感到挫折不已，那麼，「知錯能改」的人呢？

其實，知錯能改的背後，本質上是一種對權威的變相尊崇。做父母的會為了小孩的體貼而感到窩心和高興，但更多時候，講起各種「規矩」的當下，更希望小孩奉行的美德是「知錯能改」，而背後意味的，就是希望小孩能完全接受大人對於現實價值的各種規範，並努力達成大人所期待的目標。

＊＊＊

在多數狀況下，這也沒什麼錯。不過，在我們的文化傳統裡，不去質疑權威，通常被傾向認為是一種「美德」，例如「天下無不是的父母」，這句話就是箇中代表。但我們都很清楚，父母不可能完美，自然也不會永遠沒有「不是」之處。

而且愈「乖」，愈服膺權威等這類知錯能改的好人、好女人，通常都會在傾向父權體制的社會結構裡，得到一定程度的讚美，即使她們可能必須在未來的婚姻、家庭結構裡，承擔更多、付出更多。

可惜的是，這樣的「美德」，也幾乎都是「苦守寒窯十八年」那一類型的古典故事橋段裡，當事人吃苦受罪的主要原因。

表面上，現代已經不再往古老傳統道德的方向，在兩性關係上做要求，但事實上，這樣的文化氛圍，其實還蔓延在我們生活的各個角落，並因此影響著我們的行為。

「顧客永遠是對的」、「不合理的要求是磨練」、「追求使命和價值，談錢就下等了」……**愈是不對權威質疑，愈是沒有「被討厭的勇氣」**，我們就愈容易在被指責時，趕快先認錯，降低爭執，然後把改善問題的可能性，冀望在自己片面的認錯、改錯上。而這樣「美好」的性格，**自然就成為渣男眼中最甜美的獵物**。

體貼帶來挫敗與自我質疑，認錯帶來更多的內疚與自信淪喪。原本良好的人格特質，在面對渣男指責時，自動舉手投降。讓關係剝削中的自己，為此痛苦不已。

被渣男利用的「自我鞭策」

那麼更為正向的「自我鞭策」，又怎麼會讓自己輕易地變成「迫害者」呢？自我鞭策和知錯能改，是同一條路的積極與消極面。知錯能改只是等著別人的指正，期待改正，消除外界的不滿，但自我鞭策就更加主動。「變成一個更好的人」（to be a better man）是一句常常被放在各種歌詞中激勵人心的話，它代表當事人進步、提升的努力與意願。

但與知錯能改的人容易被渣男利用的原理相同，自我鞭策因為更積極，所以當事人會做到的「美德」，通常就是先尋求「好，還要更好」的目標，而不僅只於滿足於「把壞的改掉」。

期待達到的，是讓自己、讓別人，甚至讓這個世界、讓天上的神都對自己這個人更加滿意，這是一個讓自己不斷往完人路上努力的永不停歇的生命任務……

然而，**當這樣的美德，遇見永遠貪婪、始終不滿的人格違常渣男時，那就像是面**

對一個永遠破不了關的魔王一樣。無限消磨的，只會是自己真心下珍貴的努力與寶貴的青春。

＊＊＊

你想努力？但是你要往哪個方向努力？就像前文的例子，更好的懷孕妻子，如果「不能讓丈夫覺得被隱瞞」，那麼，就該一開始就說「我知道你有小三」？但又要顧丈夫面子，那不就要讓自己處在「既開誠布公，又要完美隱瞞」的狀態？

在自我意象（self image）已經是混亂不堪的人面前，根本就不會有另一個可以存在的「完美他者」的立足空間。因為他的標準不會穩定，前後也不會一致；而就算真有這樣「男性眼中」的絕對完美的女性存在，渣男也沒那個資格和那樣「完美」的人共結連理。

＊＊＊

然而，以上這些「美德」所面對的一切事物裡，最悲慘的是，原本作為被多數人、社會或文化所稱頌的價值與善意，當事人期待和這個世界建立良好互動所修持的品格，到頭來卻是什麼？

體貼只換來挫折、認錯只換來傷害、改進只落得身心俱疲，不但背上「迫害者」的黑鍋，**還有很大的可能是，自己都被催眠，相信所有的問題都在自己，並不由自主地落入「拯救者」的角色**。

不僅還要繼續付出，更變本加厲地成為關係剝削中，被予取予求的對象，最終摧毀了心中對「愛情」的美麗憧憬。

「真愛邪教」的愛情信仰

「他以前真的不是這樣的人，一定是那些朋友和酒帶壞了他……」

科學家發現，人類在嬰幼兒早期就會出現「聽到別人在哭，自己也跟著哭」的現象。因著他人的情緒而共感同調，是人類同情心的重要表現，也是達爾文眼中人類道德的基礎。

就連在很多動物身上，也可以觀察到，像狗那樣會和人類親近的寵物不用說，就連其他動物，也有很多為了幫助他者，而讓自己冒著風險或付出代價的狀況。

有些鳥類遇到敵人，會發出警告的叫聲，提醒其他鳥兒逃走。海豚會救助受傷的夥伴；猴子會保護族群中眼盲的小猴子；黑猩猩還會擁抱、幫助被咬傷的朋友，而被幫過的朋友，甚至在幾個星期之後，還會做出「回報」的行為。

人類會想要協助別人，那一點也不可恥。真正可恥的，是沒有這份心思，喪失維繫群體連結、互助能力的冷血人類，而阿雪的先生，就是這樣的例子。

「真愛」的心靈鴉片

「他以前真的不是這樣的人，一定是那些朋友和酒帶壞了他……」

阿雪在家暴受害人團體裡這樣說著。

阿雪的先生是經由阿雪哥哥的朋友介紹、認識，兩人交往不到半年就懷孕、結婚。一心相信愛情的阿雪，除了過早就被美好的關係想像給沖昏頭，從小在破碎家庭中，像個小奴婢般掙扎成長的過程，也讓她毫不遲疑投入先生的懷抱。

婚後的生活很快就變了調。阿雪的哥哥、父親本來就嗜酒，而從哥哥朋友圈經人介紹認識的丈夫，也不例外。

阿雪習以為常的本能，除了隱忍，還是隱忍。如果丈夫只能不斷用酒精麻醉自己，才能面對他不堪的人生，那麼，阿雪能用的就是那個名叫「真愛」的心靈鴉片。

「沒有喝酒的時候，他真的對我很好。真正的他，不是那樣……」

也許喝了酒的阿雪丈夫，不是真正的他。那麼，選擇去喝酒的那個他，又該是哪個他呢？也許阿雪內心深處不是不知道，只是不願面對。

但之後的狀況，只有變本加厲。

阿雪的丈夫竟然勾搭公司主管級的女客戶。憑著自己愛鬧、愛玩的個性，阿雪丈夫成了女客戶的男友。

「他說，如果不這樣做，他的工作就會受影響。他這樣做，也是為了我們這個家……」

被家暴，卻覺得歉疚

多次因為爭執而被揍得鼻青臉腫的阿雪，即使因為舉報家暴，讓丈夫被法官勒令不得靠近、必須去戒酒，阿雪卻還覺得心裡充滿歉疚。

這其實就是卡普曼戲劇三角中典型的「拯救者」思維。任何人只要因為親密關係而產生任何扞格，都會很容易陷入這樣的角色裡。畢竟沒有人不珍惜自己眼前的任何一種親密關係，也會因為內在的善，而期待進入這樣的角色，修補關係。

但**一般人只要有一定的人際界限，就會自動設定「停損」**。而對方若不會過度無理取鬧，總是可以透過時間，慢慢緩解、磨合，而最糟的，也只有傷心的分開一途。

怨懟難免，公說婆說都理不清的狀態也常有，但還不至於到心力交瘁，甚至出人命的地步。

但若面對的是人格違常的渣男，這段故事就很難順利了結。

◇邊緣型人格渣男，會絕對自我中心地對你情緒勒索，拿過去的「美好」要求你「回報」。

◇戲劇型人格渣男，會哭天搶地地昭告天下，彷彿你如何地虧欠於他，有義務繼續為他做牛做馬。

◇自戀型人格渣男，會對你千般貶抑、萬番「指正」，告訴你，你有多麼地不堪、多麼地下作。你只有乖乖聽他的指示、接受他的奴役，才是「明智」的作為。

◇依賴型人格渣男，會將責任完全歸咎於你。彷彿他眼前所有軟爛的作為，都是你單方面需要承擔的「義務」。

◇反社會型的人格渣男，根本就會冷血地說謊、欺騙，甚至動用暴力，直接從你身上凌虐、剝奪……

除了這些以自我為中心的關係凌虐之外，**最嚴重的人格違常者，還能用各種方式，將責任轉嫁給無辜的他人**。

在韓國駭人聽聞的網路性剝削案「N號房事件」裡，主嫌被逮捕時，面對媒體的姿態就是一個很清楚的例子。

一個看似正常的男性，在網路的遮掩下，用詐騙和威脅的手段，對未成年的女性施加各種性侵害，但他在面對麥克風時，卻說了一句，他感謝大家「幫助了他」。

多麼熟悉的言語啊！只要常和自我中心的人格違常者接觸，對這樣的句型，幾乎都不陌生。

「我迷失了、我是多麼地沉淪，是你！是你拯救了我的靈魂！」

在不知不覺中，自己的責任消失了，他成了「需要被拯救的人」。而**所有聽到這句「感謝」的人，都不由自主地被放進「拯救者」的位置**，並不知不覺被他操弄，被不由自主產生的寬恕美德所誤導，踏進渣男所營造的陷阱。

逃離，仍然是最終、最重要的解決之道。

一切都是他說了算，這不是真愛

但渣男磁鐵在「拯救者」的角色裡，到底出了什麼事，讓她們似乎特別容易掉進這樣的陷阱裡，無法脫身？

一個很重要的解答，那是被我同事戲稱為**「真愛無敵症候群」的心理**，也是被我稱為**「真愛邪教」的愛情信仰**。

「愛情」對多數人而言，通常是一個「只能意會，無法言傳」的概念，因為沒有一個人能對它提出完整的定義。所有愈是簡單、愈是抽象的名詞，例如忠誠、仁慈、忍讓，都愈有這樣的特性。

愛情也成為所有藝術家不可能放過的重要題材。詩人為它寫出美麗的作品，音樂家為它作出美麗的樂章。在宗教裡，它成了被挑戰的重大目標，斷情棄愛成了人類意志無上的最高象徵。在神話故事裡，它更成了可以跟天地神祇對抗的偉大力量。

但也因為這樣，愛情幾乎被人類文明升格為極端至高無上的存在。相信愛情，本來可以是一件非常美好的事，而「真正的」愛情，更被認定為包含所有人類可以找得出來的重大美德。它要多堅貞，就可以有多堅貞。它要多專一，就可以多專一。它要多能犧牲奉獻，就可以多麼地可歌可泣。

＊＊＊

但就像所有強大的信仰一樣，有神聖的存在，就會有寄生其上的神棍跟著誕生。

寄生在宗教之旁的邪教，表現的會是什麼樣態？通常「真愛」的邪教神棍，會宣稱能夠保障你的未來、解決你的問題、給你所有痛苦的答案。而一切的問題，也都會在找到「真愛」，信仰他提供的「真愛」之後，得到根本的解決。

神棍怎麼引誘你？他說他就是神／真愛的代言人，他擁有神／真愛所賜予的奇妙力量。你的痛苦來自於身邊的所有厄運，而他／神／真愛就是這一切痛苦的救贖。

但是……在即將獲取如此珍貴的「庇佑」之前，你還是要付出一點代價。就像所有神棍會說的：你要信奉他、不可質疑他、給他供奉、為他捐獻。甚至跟他上床、替他做牛做馬……這樣他所代言的真愛神力就會降臨在你身上，接著就會帶給你期盼已久的「真愛」，你就可以擁有無上幸福。

誤解真愛？

你相信「真愛」嗎？我相信。就像每一個教徒，都相信能擁有內心的平靜和一生的救贖一樣。

然而，**在真愛的追尋上，奇蹟是等不到的，我們真正該做的，是找到適合的，但一定有著缺點的另一半**。彼此願意互相理解、認識，向著雙方都同意的方向，不彼此勉強地互相扶持、一同前進，最後，才有可能無限地接近傳說中的「真愛」。

遺憾的是，對於「真愛」意義的誤解，最後導致被神棍般的渣男所矇騙，正是多數渣男磁鐵在親密關係裡，最容易泥足深陷的原因。

名為「拯救者」，但實為奴隸

◇戲劇型人格渣男可以演得要多痛苦，就多痛苦，但他看不見你的痛。

◇邊緣型人格渣男就只會翻著舊帳，把過去強塞在你身上的「奉獻」，一五一十地全部都想要回來。

◇依賴型人格渣男不會記得是他自己要你幫忙下決定，就只會把所有的責任都丟在你身上。

◇反社會型人格渣男就更只會不問自取地，從你身上搾取，所有他想得到、拿得到的東西……

渣男磁鐵會因為自己對「真愛無敵」的信仰，實在太過刻骨銘心、太過牢不可破，而被很多渣男的話術唬弄過去。

＊＊＊

特別是已經接近信仰程度的真愛信念，就像一般宗教會告訴我們的，「在神的面前，要做的就是誠心地反思己過、誠心地懺悔」，**很多人一旦遭受指責，最先想到的就是內疚與投降，最終不免不斷地被渣男所乘，而無法跳脫他所指派的，名為「拯救者」，但實為奴隸的角色**。

通常這時候，就像從邪教中脫離，常常需要某種以質疑為基礎的「頓悟」一樣。我們要理解，「真愛」或許存在，但它不是任何一個人可以隨意定義的，或者，至少不是渣男可以單方面定義的。

人格違常的人，最常表演的絕技就是「拿你的話來堵你的嘴」。很多當事人最常見的感受就是，「我說過的話，被拿來攻擊我自己」，而這往往會讓當事人啞口無言。

‧「你不是說愛我？那怎麼看不見我有多痛苦？」
‧「你不是說愛我？我都能為你這樣犧牲了，你就不能忍讓一點？」
‧「你不是說愛我？我就是一切聽你的，才變成今天這樣，你怎麼可以不負責任？」
‧「你不是說愛我？才拿你一點錢，你就要計較成這樣？你對我就這麼沒信心？」

是啊，一切都是他說了算。

有「無條件」的愛，但不存在「無限制」的愛

在面對這種攻勢時，最主要的問題往往會出現在兩個層次。

一、對於「關係義務」的認識。

二、當事人對於人格建構過程中，內在隱藏的需求沒有自覺所造成。

關係義務的部分，想要破解，遠比想像中要直接、簡單，關鍵是一句很簡單的話：關係裡，確實應該存在著珍貴的「無條件」的愛，但不存在「無限制」的愛。

不是因為你美，才愛你；不是因為你有錢，才愛你；不是因為你會做牛做馬，才愛你；也不是因為你有成就、有事業，才愛你。

真愛不談條件，但真愛不能需索無度、不能無限上綱，不可以沒有限制。我還是愛你，因為我知道誘惑很多，我可以和你一起小心地維護、一起對抗，但不代表我就要「無限」地容忍你的所有作為。即使你犯了罪，我還是會愛你，但那不代表我會無限制地替你作偽證，無限制地替你撒謊……

兩人再親密，還是各自擁有獨立的人格

能夠清楚再怎麼重要的親密關係裡，每個人都還是要保留著自己完整的人格，就不難發現那個「限制」其實一直都存在，那也是真正可以讓兩人好好攜手，共同建立真愛的一個重要前提。

真愛不用尋找，真愛需要建立。需要兩個有著一定成熟而完整人格的雙方，

共同努力，才能完成。

＊＊＊

但渣男磁鐵還要面臨的另一個難題是，自己並沒有發現自己的人格潛意識深處，有著某類難以言喻的「缺口」。因為一直沒能填補，所以才會將希望寄託在「真愛邪教」的奇蹟，尋求那種虛無飄渺的救贖，因此而落入渣男所營造的陷阱之中。

那道缺口，往往與我們的原生家庭，或從小成長過程中的依附關係，有很重要的連結。

接下來，我們就用更詳細的思考和說明，讓大家理解。

原生家庭的傷痛與依附關係的缺乏

人格違常患者，通常和他們童年時的受虐經驗有關，包括兒虐、忽視、性侵、體罰等。

「為什麼阿雪可以執迷不悟到那種程度呢？她從小就痛恨酒鬼父親，怎麼看不出自己的先生不可能改變？」

首次參與加暴受害者團體的醫學生，滿是不解地提出問題。

「你有聽過『**酒鬼的女兒，很容易嫁給酒鬼**』這種說法嗎？」我問。

學生點點頭。

這類的說法，在精神科臨床實務上，時有所見。

「好像自己心裡也有個坑。」

常見的「解釋」，是認為人類在人格形成的過程中，並不如我們想像的「己所不欲，勿施於人」，反而會**因為童年時「習慣」於某種型態，而變成只能用那樣的型態和人應對**。

這解釋了一個人為什麼小時候被毆打，卻不會讓他從此討厭毆打，反而只讓他學會「遇到事情，出拳頭就對了」的習慣。

而酒鬼的女兒，也許因為小時候只和具有「酒鬼人格」的家人相處，所以即使她再怎麼討厭酒鬼，長大之後，仍然會不由自主地，比較習慣和具有酒鬼行為相同模式的人相處。

她在幼年時所學會／被洗腦的各種人際應對模式，包括隱忍、無視自身的剝削、持續等待對方「酒醒」……諸如此類僵化的互動輪迴，會讓她因為只習慣和這類人相處，而導致自己只能在這樣的「人際框架」中，去催眠自己，接受眾多爛蘋果中，「相對比較能看的」那一顆。

＊＊＊

比較有實證的研究，證明有相當多的人格違常患者，和他們童年時的受虐經驗有高度的相關，包括兒虐、忽視、性侵、嚴重體罰等各種壓力經驗。

從生理的角度解釋，由於**人類的大腦一直到二十五歲前，都還不算完全成熟**，其中愈幼年，對發展和人格形成的關鍵影響度就愈大。

這也是為什麼很多「渣男磁鐵」在做更深度的自我覺察時，固然會憤怒於過去渣男對自己所施加的各種關係剝削，但也常常會出現一些體悟，發現「好像我自己心裡也有個坑」。

＊＊＊

或者也可能有朋友指出自己的個性，似乎有些「極端」的成分。雖然不像人格違常那麼離譜，但也有些特質，隱隱然會和某些人格違常相對應。

像是有時候自己也挺「邊緣」的。愛的時候，別人講什麼話，都聽不進去，就只看得見對方身上的好，但醒悟過來時，就覺得過去的一切都是如此黑暗，留在自己心底的，也都只剩下噁心的記憶。

或者有時候，也挺「自戀」的。老是相信言情小說裡，降臨在絕世美女身上的愛情，自己一定也有機會遇到一樣。

有足夠的安全依附，才能有自尊及安全感

但是要如何自我覺察呢？這裡就不能不提起「依附理論」。

「依附理論」是知名心理學者約翰・鮑比（John Bowby）以一連串由哈瑞・哈洛（Harry Harlow）所做的動物心理學實驗為基礎，發展出來的心理學理論。

在哈洛最著名的恆河猴實驗裡，新生恆河猴從親生母親身邊被帶走，然後被提供了兩個假的「母親」。一個是由鐵絲做成，臉部還做了像獠牙的模樣，另一個則是絨毛布套在有彈性的橡膠上做成，臉部則是溫和的圓臉和大眼。但只有「鐵絲母親」身上，放著一個裝有加溫食物的奶瓶。

結果是，小恆河猴雖然被迫要回到「鐵絲母親」身上，才能吸到奶，但多數時候，牠會選擇抱趴在「絨布母親」身上磨蹭。

當小恆河猴對陌生環境進行探索，若受到了驚嚇，牠會立刻衝回絨布母親身上，緊抱絨布母親一段時間後，才敢再去探索四周。

這個實驗證實**對小幼兒而言，很多時候，「情感」比「麵包」還要重要**。這也更新我們對於嬰幼兒發展，只從古典精神分析重視原欲的角度，擴展到兒童與主要照顧者之間的互動關係。

但其實，這個實驗還有更長時間的後續觀察，只是多數人並沒注意，那就是**當這些小恆河猴日漸長大**，即使給牠們足夠的食物和成長的空間，**牠們都沒辦法和其他正常母親哺育下的猴子，建立起穩定的互動關係，也都沒辦法成為可以好好育養下一代的稱職父母**。

依附關係對親密關係影響巨大

這也是為何後續心理學家發現，童年時期的依附關係，會對未來成人後的親密關係，有著非常顯著影響的原因。

依照心理學家巴塞洛繆（Bartholomew）和赫洛維茲（Horowitz）的研究，我們可以從「對自我的意象」和「對他人的意象」這兩個向度，分類成年人的依附關係。

理想狀況下，我們在幼兒時期，可以在夠稱職的照顧者協助下，形成安全的依附關係。在這樣的關係裡，對內，我們能夠正向地看待自己，我們不會認為自己比別人差、比別人低賤，也許自己並非人上人，但一定有著存在於這個世界的價值。這是安全依附對自身自尊的表現。

對外呢？安全依附可以看到外界可靠的部分，就像有安全依附的小孩，不會因為父母暫時離開就非常焦慮，因為他對重要的他人有信心。這種可以正視他人優點、願意去依靠，也願意被依靠的心情，則是安全依附對他人關係信賴感的重要表現。

＊＊＊

但若兒童時期，只能像上述提到的小恆河猴，只擁有「鐵絲父母」，也就是僅能得到單純生理滿足的家庭關係（某些兒虐個案，甚至連溫飽都不見得擁有），而沒能有足夠，或持續而穩定的心靈撫慰時，就會形成所謂的「不安全依附」。

這樣的依附類型，除了在幼兒期會很容易陷入分離焦慮之外，和安全依附相反的是，**對內，會因為自我意象的不穩定，無法建立起足夠、適當的自尊。**

對外，則因為無法對外界產生足夠的信任與安全感，因此常常會沒辦法在與他人的互動過程中，做出足夠的正向回應，**導致在人際關係中感到痛苦**。

不安全依附的三種類型

不安全依附，一樣可以從「對自己」和「對他人」兩個角度檢視。

△對自己、對他人，都呈現負面角度的「恐懼—逃避」型（fearful-avoidant）。

△對自己正面、對他人負面的「排除—逃避」型（dismiss-avoidant）。

△對自己負面、對他人正面的「焦慮—沉溺」型（anxious-preoccupied）。

雖然不同類型的表現相當複雜，但我們可以用比較直觀的方式理解。

如果你對自身、他人的向度都以負面為主，那麼，你一定會變成孤僻，也不信賴他人的邊緣人物，也就是所謂的「恐懼—逃避」。這樣的人，其實很不容易和他人建立關係。

但是，如果你對自己正向，但對世界負向呢？那麼，這種「排除—逃避」的你，也許會變得孤芳自賞，但也變得難以親近。

最後若對自己負向，但對世界正向呢？很多時候，這類**「焦慮—沉溺」型的人**，會流於習慣對他人討好、忽視自身的需求、貶低自我與自尊。而這個特質，就**很容易變成關係剝削中的受害者**。如果不幸遇到渣男，更容易因此被凌虐到極致，也無法逃離。

渣男磁鐵以「焦慮—沉溺」依附狀態居多

很多「渣男磁鐵」常常是以「焦慮—沉溺」的依附狀態居多，而這類關係特質的產生，常常是因為一方面無法忽視「他者」的重要性，不至於完全漠視「他者」的存在，但又沒有辦法在依附關係中，獲得穩定而可預測的安全感。

例如父母情緒起伏很大、好惡賞罰不清楚，或者沒喝酒就很好、喝了酒就暴怒，又或是過度重男輕女，在兄弟姊妹中明顯的偏心……這些都會讓幼兒一方面「知道照顧者很重要，因為照顧者擁有資源，也會給予資源」，但幼兒另一方面卻對自己沒有信心，也沒有安全感，不知道自己是不是「足夠好到讓照顧者會『不變而穩定地』照顧著他」。

＊＊＊

這時候的依附關係，如果轉化到成人的親密關係裡，就會形成一方面**期待「愛情」能補足過去「親情」所沒能給足而造成的缺憾**；但另一方面，也會因為自尊的不足，過度地想要使用討好和委屈自己的方式，確保這個依附關係能夠穩定，不至於失去。

然而書寫至此，讀者們會不會覺得，「如果這一切的根源，都和我的幼年與家庭有關，那麼，我該怎麼做？難道只能投胎重來嗎？」

＊＊＊

其實，依附關係並不是人格中完全恆久不變的一個成分。確實有研究顯示，將近百分之七十的依附關係，是相對上長期穩定的，但也有百分之二十至三十的依附關係，可以隨著時間變動。至於變動所需的時間，可以長到數月，但也可以短到數個星期。而且我們對不同對象的依附，也不盡然都會一成不變。

例如，你可能和某個好朋友之間，可以形成相當安全的依附關係。你在那個朋友面前，可以很安全地做自己，而朋友也可以帶給你很厚實的信任感，但轉到你上班的公司中，也許你和同事的關係就變得很表淺，甚至面對上司、老闆時，你變得格外「好欺負」，完全展現出差異很大的另一種依附型態。

＊＊＊

所以，在理解原生家庭可以帶給一個人多大的影響之後，當我們面對成年後的愛情時，要知道的是，這份可能陪伴你走過後半生的親密關係裡，最重要的，並不是在發現某些自己內心深處的依附缺憾之後，就只能拿著這樣的「理解」，作為某種宿命論的藉口，認為自己就只能註定在那樣的劫數中不斷打滾。

而是**必須要隨時提醒自己，不要讓這份不是你所犯下的、屬於久遠過去的錯誤，變成了扭曲你的視野，妨礙你找到真正對的人**，去建立健康、親密關係的絆腳石。

不安全的依附，在成年親密關係中，最常出現的影響：

一、干擾我們對親密關係的視野。

二、限制我們的沉穩與耐性。

三、**侵害我們在關係中的自尊和界限。**

四、扭曲我們去認識另一半真實的面貌與發展健康的互動。

五、**束縛我們面對兩人發展的侷限，並做出必要的停損。**

＊＊＊

為什麼第一個影響的，會是個人對親密關係的視野？

因為一個具有安全依附的小孩，餓了，就可以大方地跟父母說。受到挫折，會找父母哭訴。遇到困難，會找父母商量。父母不在的時候，他會相信自己並不是被拋棄，父母只是暫時沒空、暫時離開。

但不安全依附的小孩，也許對於好好地吃頓飯，都會有著莫名的恐懼，更不用說他不知道自己會不會被責罵、會不會被斥責，他時刻擔心著。

因此，在成年人的親密關係中，沒有安全依附的渣男磁鐵，不會相信自己有足夠的權利去和對方平等互惠，也不會相信自己有任性或者被包容的空間，**更不會相信自己除了「這個人」之外，其實也有更多其他的選擇。**

所以，在這樣的狀況下，沒自信、低自尊的自己，只為了填補空虛，急就章地尋找，並相信，甚至自我欺騙，眼前這位好像對我還不錯的男性，就會是自己的真命天子。這也就是不安全依附底下，接著會產生的第二個親密關係中的影響。

＊＊＊

擁有安全依附的小猴子，只要遠遠看著母親的眼神，就有勇氣、耐心，慢慢地探索世界，但缺乏這份安全的小猴子，就只能如同驚弓之鳥般，隨時尋求撫慰，也只能迫不及待地，投入看似溫暖，但根本是假貨的絨布娃娃的懷抱。

而接續下來的第三個影響，在親密關係中，**我們會因為缺乏那份安全依附，變得沒辦法保有足夠的自尊，和維護自己應有的界限。**

因為認定自己沒有，也不可能有其他的關係依靠，就自然會因為不敢脫離這樣的關係，因而動不動就變成關係中被剝削，被要求隱忍、付出的一方。

接下來產生的第四個影響，則是沒辦法正確地認識另一半，也沒辦法發展健康互動的關係。

當我們身處在困境、陷阱中，且潛意識充滿宿命論般的無力感時，催眠自己、欺騙自己是很無奈，但也很本能的一種心理反應。

不用對象辯解，我們自己就會幫忙找理由欺騙自己。

・「他不是不忠，他只是逢場作戲……」

・「都是被壞朋友、被酒友帶壞的，他本來不是這樣的人……」

＊＊＊

而最後，也是最糟的影響，自然就是當事人會沒有勇氣跳脫這樣的關係。

渣男磁鐵最常讓他人百思不解的，往往就是這一點。

・「明明那傢伙就是個大渣男，怎麼她就是執迷不悟？」

・「為什麼她都這麼慘了，都被打得鼻青臉腫了，還不離開他？不去告他？」

這一點就像被玩偶假媽媽陪著長大的小恆河猴一樣，即使重新給牠一個「真的」猴媽媽，牠們也只會覺得驚嚇。因為那和牠們認定的、以為的那個「媽媽」，是不同、不熟悉的另一種存在。

自我覺察，愛回童年受傷的內在小孩

很多時候，特別是透過自我覺察，檢視自己內心深處的依附關係時，似乎可以看見一個從自己過去的生命中走來，隱藏在內心深處的一個「內在小孩」。那個小孩也許滿是傷痕，也許像是被嚇破了膽、打瘸了腿，因此不斷地在你的人生中拖累了你。

但這個內在的小孩，是不可能被拋棄的。你不可能讓時光倒流，或去找任何人算帳，也沒辦法找一個人來「領養」他。

真正可靠的，只有你自己。認清到現實中的你自己已經是個大人的事實。你完全有能力去保護、去提供愛、去認真傾聽那個內在小孩的需求。

也**只有你先把這一切放在首位，而不是追尋外界的「愛」，讓內在小孩和你自己，一起建立起自信和自尊**，這樣，才有可能讓你能夠好好地面對外界，找尋、面對自己之外的另一半，並建立起長期而穩定的親密關係。

也只有如此，你才有機會重新找回安全感，讓自己自我修復，修正你內在的恐懼、匱乏，產生足夠強大的安全依附。

輯三　如何與渣男安全分手？

面對病態渣男，及早分手是不變的鐵律

當你面對渣男時，分手並不容易。

「看著熱情不在 你永不再回來
你是我的命脈 是給我最大的傷害
天已塌了下來 我想你已明白
OH你說要離開 我會把你埋起來……

我無法控制自己 但是可以控制你
檜木的地板因為兩把刀揮舞下血染成紅色

我絕對沒有惡意 只是想把你留住……
不應該拿刀割了你的脈搏SORRY我真的錯了
喝醉了拿酒瓶砸你的頭SORRY我真的錯了
吵架後推你下樓SORRY我真的錯了
這些我都曾想過 因為愛你才這樣說的……」

這是樂團玖壹壹的歌曲〈恐怖情人〉的節錄。歌詞裡，很傳神地描寫面對病態渣男時最大的夢魘。

我們都知道面對這類人，及早分手是不變的鐵律，但分手並不是一件很容易的事，特別是當你面對有潛在暴力風險的渣男時。

與渣男分手時，如何處理渣男的「失落」？

人類，非常痛恨「失去」。

就以發生在二〇一四年相當驚悚的社會事件「台大宅王殺人事件」為例。張男那時明明已經與女友協議分手，但仍闖入被害人住處，留下情趣用品、膠帶、自慰後的衛生紙，最後還在被害人上班途中，意圖談判復合不成，而殺了被害人四十七刀致死，還當街將被害人內褲脫下，親吻下體並抱屍痛哭。

依據當時的新聞報導，張男在考上師大附中資優班後，轉往建國中學就讀，之後就讀台大，畢業後在會計師事務所擔任擁有相當社會地位和報酬的工作，不過，張男交往過的三任女友都是從網路上認識。至於「台大宅王」的稱號，是張男在大學時參加「台大我最宅」電玩比賽奪冠而來的。

＊＊＊

在張男和被害女性的交往過程中，雖然「每逢假期幾乎都會出遊」、「六個月花費共約新台幣五十萬元」，但被害女性發現張男個性容易暴躁，更不時翻閱女方手機通聯、筆記本，從發票地點、金額、時間點推算其行蹤，甚至在女方記事本上發現有個K註記，就認為女方在感情上對其不忠，另有其他交往中的男性友人。

從這樣的新聞實例，再對照歌曲對「恐怖情人」的生動描寫，我們可以看到這些最終會動用到暴力的男性的問題。

一、強烈的占有欲和面對分手所連帶產生之「失落」的難以忍受。

二、對於他人狀態同理能力的欠缺與自我中心。

三、**挫折應對能力的匱乏**，變成除了訴諸暴力之外，完全找不到可能的解決出口和辦法。

人們強烈高估「失去」的東西

為什麼「失落」會是一個非常重要的議題？我們人類心理有一種相當特殊的

現象，叫做「稟賦效應」（endowment effect），這在二〇一七年諾貝爾經濟學獎得主理查．塞勒（Richard Thaler）的著作中，時常被提起。

簡單地講，就是「**即使在客觀標準下價值完全相同，但人們會強烈地高估『失去』的東西，而低估『獲取』的東西**」。人類，非常痛恨「失去」。

相關的研究之一是，測量一般大學生對於「千分之一的必死機率」，到底會如何評價。

其中一組是讓大學生設想：「他們『已經』在某個必死機率千分之一的疫情中，這時，剛好有一個解藥，保證無副作用、完全治癒。你會願意出多少價錢，確保自己有這個解藥？」

但另一組的問題則是：「政府要做一個實驗，這個實驗的必死機率是千分之一。請問要給你多少錢，你會願意冒險參加這個實驗？」

沒想到，兩組出來的結果天差地遠。

已經身處險境之中，要「買藥」來逃避千分之一死神」的那一組，平均出的價格是兩千美元。但另外一組，平均覺得合理的價格是五十萬美元，甚至還有很多人表示「出再多，我也不參加」。

＊＊＊

另外一個類似的研究，甚至直接用功能性磁震造影，觀看人類的大腦在做決定時如何運作，結果也非常類似。

兩組大學生都被告知「來參加研究，讓我們照一下大腦，就給你五百元」，但等到他們參加之後，一組告訴他們：「我們要剝奪你三百元，或者，你要去賭一把，勝率只有五分之二。你要接受被拿走錢，還是去賭？」

但另外一組則是：「不好意思，你現在實際能擁有的，是兩百元，你可以拿著走人，或者有一個五分之二勝率的賭局，輸了一文也無，贏了，可以拿到五百元。」

結果與前一個實驗類似，被提醒「我要拿走你的錢」的那一組，幾乎全都選擇「我要冒險賭它一把」；但另一組被告知「你還擁有兩百元，不用冒失去一切的風險」的那一組，則全部選了拿錢走人。

正常人都會因為失去而鋌而走險，何況人格違常者

我們在旁邊看著的局外人，可以很清楚看出，兩個實驗裡，兩組人的「現

實」問題是完全一樣的。前一個實驗要面對的，是「你願意花多少錢，去應對千分之一的死亡風險？」，後一個實驗要面對的，是「五百元變兩百元，你要做什麼選擇？」。

但只要兩個實驗裡，當事人都聚焦在「我本來可以擁有，但我現在正要失去」的時候，他們都明顯地痛恨任何「失去」的感覺，也都會願意為了那份失去，而選擇「鋌而走險」。

這些研究的對象都是正常人，都已經是如此了，我們也就不難想像人格偏執的渣男、自我中心的渣男，為何會出現〈恐怖情人〉歌詞所描述的那些「你要離開我，我就不惜一切代價和你同歸於盡」的行為了。

＊＊＊

千萬別低估「失落」所產生的效果。

我們在臨床實務上，處理過數以百計的家暴怨偶。當我們面對將妻子埋怨得一無是處的丈夫，對他們說「既然你這麼討厭她，為什麼不答應她的離婚要求」時，幾乎沒有一個丈夫不會勃然變色、拍桌大怒。

人類對於「對方的失落」之強度的誤判和低估，常常是讓自己身陷險境的危險因素之一。

電玩暴力對渣男的影響

遺憾的是，暴力確實不可能不存在。

暴力男的自我中心與缺乏同理，其實也和失落的反應有相當的關聯。前面提到的實驗，其中有一個是人類大腦在「面對失落時」大腦運作的功能性掃描，結果發現「強調失落組」和「強調擁有組」在大腦有很多腦區的運作完全不同，甚至完全相反，而其中最引人注意的區域，就是大腦的「杏仁核」（Amygdala）。

暴力男通常缺乏同理心

這也是為何「同理心」會是接下來要面對的另一個暴力男的重要問題。因為同理心就是杏仁核的重要功能之一。有很多的研究顯示，冷血的反社會，或者「心理病態」的人格特質，他的杏仁核功能，多半都異於常人。

＊＊＊

杏仁核反應的重要性，可以從另一個有趣的心理學實驗看出端倪。同樣是兩組以大學生為受試者的實驗，兩組大學生分別玩著幾乎完全相同的賽車電動玩具，但得分的方式，一組是追逐路上閃亮的光點，另一組是追撞路上行走的路人。撞到光點的，就只看得見分數的上升和悅耳的獎勵音樂，但撞到路人的，則可以看到血花四賤和聽見人類的咒罵聲。

實驗的結果，相當發人深省。兩組在得分的當下，大腦都顯示出相當程度的欣快愉悅，甚至「撞人」的那組，興奮程度還要更高（完全可以理解，世面上為何會有那麼多以打鬥為主題的遊戲）！但最重要的一點是，撞人的那一組，受試者的杏仁核不會有特別的反應。

這一點其實並不奇怪。我們在面對電動玩具時，通常不會有人真心相信，在電腦裡被打死的那個人，是一個真正有血有肉、有家人、有感受的真實人物。但如果對照到杏仁核有毛病、同理心有欠缺的心理病態者身上時，這種現象就成為非常嚴重的問題。

你能想像，這世上有人能打人、殺人，一如面對著電動玩具時那般的充滿快感、毫不在意嗎？很多同理心有問題的人，行為表現就和這樣的狀態差別不大。

新兵在戰場射殺敵人，像在「打電動」

在這裡，也必須提出電動玩具、3C產品的可能影響。

無庸置疑地，各種電子產品、網路虛擬世界，使得現代的人際互動明顯與傳統生活不同，也一定會產生新的影響和新的問題。

近期有不少美國軍隊研究顯示，原本軍方擔心新兵在首次執行任務時，特別是必須要第一次殺敵時，可能會因為殺人而產生一定程度的心理衝擊。但在實際運作下，所得到的結果，竟然遠比過去新兵所經歷的問題還小。

也就是說，**他們更少出現創傷反應，也更不會有內疚感**。

而可能的原因，和軍事科技電腦化有著非常高度的相關。簡單地說，現代的軍事科技，讓新兵在遠距離射殺敵人時，感覺上更像在「打電動」，而年輕的新兵，多半從小就習慣這類射擊遊戲，因此適應起來竟然格外地駕輕就熟。

從這樣的角度，讓我們回到「台大宅王」的案件，張男的三任女友都是從網路上認識，也顯然張男對於電動玩具有相當程度的沉迷，才有辦法贏得比賽、獲取「台大宅王」稱號。

這也就不得不令人懷疑，這樣的人際交往模式和投入電動遊戲的特性，是否對他在建立親密關係的過程中，造成一定程度的影響。

真實人生不等於電玩

然而，真實的人生，有打電動那麼簡單嗎？

在網路虛擬世界裡，很多宅男體驗各種「美少女養成遊戲」，搜尋、傳播各種扭曲的性愛影像。電動玩具只要攻略正確了，一個動作就會有一個反應。付出虛擬錢幣，就可以有相對應的裝備。投入足夠的時間，就會有令人滿意的回報……

但在真實的世界裡，不可能有網路虛擬世界或電動玩具裡設計的那麼「公平」。

如果當事人在現實中遇到挫折，還願意「宅」回一按鈕就有顏如玉、一開機就有黃金屋的世界，這世上也許就只是多了一個啃老族或魯蛇。但如果他就是不得不面對真實世界，但又從來沒熟悉過真實世界的殘酷競爭與處理挫折的方式呢？

暴力其實是所有生物的本能。小貓可愛地追著毛球、小狗對著東西沒有意義地撕咬，其實，很多時候都是在「實習」成長後可能需要用到的獵捕行為。

暴力不可能不存在

但身為人類，我們有很大的不同。我們的行為模式、可塑性和彈性都相當大，因為我們有著一顆比任何動物都要精密的大腦，但是，一如前文多次提及，我們的大腦在成長過程中、在完全成熟之前，必須經歷一個相當長期的養成階段。

這也是多數心理學家不斷強調，不要在孩子小的時候，使用體罰的方式來「教育」孩子的原因。

因為基本上每一種「教育」，背後都是讓孩子熟悉大人應對問題時的解決方式和因應技巧。也就是說，大人如果能夠更多元地展現「面對各種問題時應對的方法」，孩子的大腦就更有機會載入更多元、更多種類的「問題解決程式」。

但如果不幸地，一出現問題，大人就只會「打到你乖」的時候，孩子的大腦裡，也就只會不斷重複著一個重要的「程式」，那就是「如何面對被打，和如何去打人」，這也是為何**兒虐的小孩，長大後，很容易變成暴力的過度使用者**的重要原因。

遺憾的是，暴力確實不可能不存在。一個完全不打孩子的家庭，遇到蟑螂，也還是要舉起拖鞋拍下去。所以，人一定會學到如何使用暴力，而在面對挫折的最後階段，人都難免想過，要使用暴力的手段，解決棘手的問題。但在文明社會，我們希望「透過制度」來行使暴力，或者至少是為了保護自己的生命，不得已時，才可以使用暴力而不受社會的追究。

暴力的收受者，會轉為暴力的施行者

但挫折處理能力不夠的暴力男，就不會是如此。

就像從小不斷被「暴力程式」洗禮的孩子一樣，我們都很清楚，面對「無法抵抗」的暴力時，孩子能做的就只有忍耐、忍耐、再忍耐。

那樣的隱忍，不是什麼高等級的自我控制或道德情操，反而是應對能力相當匱乏的人類在面對暴力時，第一時間學會的東西。

但隱忍之後呢？暴力的收受者，就會轉變為暴力的施行者。

比起被罵之後辯解的孩子，只能抿著嘴，用恐懼而又陰沉的眼光，望向這個世界的孩子，只怕未來的長成會比前者還更令人擔憂。

像「台大宅王」這樣不斷監視女友的一切生活細節，並對兩人關係相當沒有信心的表現，就某個角度來說，會更像對這個世界只充滿著暴力想像，更沒有安全依附的人才會有的表現。

遺憾的是，沒有交往，這一切也很難有人會知道。而不幸陷入這種關係中的當事人，所背負的壓力，也可想而知。

與渣男分手的八個策略；七成謀殺，發生在決定分手後

渣男有了另一個「獵物」時，通常才是最有可能「安全下莊」的時候。

在理解人格偏差者的潛在暴力風險後，分手時要注意什麼？能不能針對以上的這些特點，做出最合理的分手策略？

首先，要先理解多數人類的暴力事件，是相對上的「小概率」事件。我們一生中跌倒、出小車禍受傷……各式創傷的機會，都比真正被另一個人以暴力直接攻擊的機會要來得大。

這不是說我們就可以因此掉以輕心，而是要提出一個重要的概念，就像疾病做檢驗一樣，當事件本身是「小概率」時，任何檢測的方式，都很容易出現「偽陽性」和「偽陰性」，這也是醫生不會盲目讓病患做各種檢驗的主要原

因。

應用到暴力的預測，其實由於「自傷」和「傷人」都是小概率事件，這很容易讓我們的各種預測產生「狼來了」效應。

你以為會出現的暴力攻擊，結果沒有產生，但你以為應該沒事的時候，暴力就硬生生地出現了。前者的預測錯誤，讓我們誤以為「其實他沒那麼壞」，而後者的預測錯誤，輕則陷自身於險境，重則傷身，甚至可能有生命危險。

一、隨時相信「風險」無時無刻都存在

此時，最正確的方式，是隨時相信「風險」無時無刻都存在。

不要輕易放下戒心，特別是當你已經很清楚地釋放出堅定的分手要求時。任何暴怒咒罵固然是暴力的可能徵兆，甜言蜜語的哀兵姿態，也不保證下一秒就不會見到他亮出刀子。

在隨時警戒，提醒自己風險一直存在的同時，如前面所述，我們第一個要面對和處理的，就是對方面對失落後的反應。

切忌把「擁有」掛在嘴邊

雖然這個時候才提，通常已經過了最佳時機，但健康而對等的親密關係，切忌把「擁有」掛在嘴邊或放進心裡，這是任何想要和另一半維持親密關係的重要原則。

每一個人都是獨立的個體，也都該一直有著對等的尊重。親密關係要謹守的，是兩人持續溝通、維持互動、相知相守，一起面對未來、共度餘生。**沒有誰「擁有」誰，沒有「誰是誰的人」這種說法**。

這樣的言語和情話雖然甜蜜，但背後隱含的概念，也等於抹煞另一半的獨立人格和物化了對方。除了很難在未來一起相互扶持、共同承擔，以面對瞬息萬變的人生之外，在這種分手的場合，「失去」所帶來的痛苦，也會格外嚴重。

＊＊＊

因為在這種狀況下，渣男會想到的，只會是他的一個「東西」即將被他人奪走。

那個潛意識底下的黑暗存在，不會是多數女性在檯面上能夠聽到的。那個在他潛意識中的「東西」，也許是個女傭、也許是個廚娘、也許是棵搖錢樹、也許只是具性愛娃娃。

那個「東西」即將被奪走，所以莫須有的，「一定有另一個男人」的指責，也必然會出現。不論你如何解釋，也不管事實真相是什麼。

這時候，**在實務上，我見過多數最平順無傷的處理方式是「轉移」**。

也就是渣男有另一個「獵物」時，通常才是最有可能「安全下莊」的時候。

以邊緣人格為例，即使是很有經驗的心理治療師，也有可能被邊緣人格個案搞到灰頭土臉，往往只有邊緣人格個案又「盯上下一位受害者」時，當事人才有機會鬆一口氣。

當然，這樣的狀態可遇不可求，但當我們發現渣男竟然背叛愛情時，其實當事人反而應該慶幸，因為如果能夠好好把握，既然有人願意接受這支只會下跌的爛股票，你也大可不用繼續在這裡傷神苦撐。

但總不能都憑運氣。如果渣男就是不轉移，那麼，什麼樣的東西才是可以「操之在我」的呢？

二、堅定地確立自己「一定要和渣男結束關係的信念

三、分手的訊息最好能夠兼顧「盡量降低對方的挫敗感」

這時要考慮的是，以預防因失落而誘發的暴力風險而言，除了堅定地確立自己一定要和渣男結束關係的信念之外，分手的訊息傳遞最好能夠兼顧「盡量降低對方的挫敗感」。

或者至少如前述「拿走三百元和還有兩百元」的研究，即使客觀事實一樣，但讓當事人比較能夠聚焦在「還擁有什麼」，就比較有可能降低失落所產生的挫折。

具體來說，**關係的結束，比較好的方式是傳遞「你沒有什麼不好，也沒有人想改變你，也不需要改變你，而我，也不可能改變。在這樣的前提下，兩人都不可能走下去，所以希望將這段關係結束」的概念。**

四、別再爭論「誰對誰錯」，這只會讓事情更糟

因為多數關係破裂的時候，兩方都很喜歡爭「誰對誰錯」，也通常都已經經歷了很長時間的相互指責。這也是為什麼「愛情沒有對錯」這句話時有所聞的原因。

就是因為所有過來人都很清楚，即使真的可以有對錯，但對當事人雙方而言，在這上面糾纏，根本就只會讓事情更糟，所以不如睜眼說瞎話，反正沒有對錯，就不用再爭對錯了。

五、讓對方盡量有足夠的支持系統，例如朋友或家人

另外，也需要做到的，就是讓對方盡量能有足夠的支持系統。別忘了，**「還擁有什麼」是一個一定要讓「被分手」的當事人感受到的點**。就算是渣男，也還是有可能願意站在他那邊的朋友、親人、潛在支持者。傳遞「我要和他分手，他在這段時間可能需要很多關心」的訊息。這一點對順利的分手，也會有幫助。

但是同樣地，所有的「誰對誰錯」的戲碼，一樣有可能在任何人際關係的連結裡上演，但是我們就是要避開這樣的爭論。

「他就是他，不需要改變；我也就是我，同樣不需要改變。這樣的兩人，無法維持關係。**有問題的是這段關係，要停掉的，也是這段關係；沒有任何人被拋棄**，被放掉的，是這段關係。」

六、就算有「更好的對象」，這段期間，也要盡量延緩

因為將焦點放在「關係」之上，所以切記，就算有「更好的對象」，這段期間，也要盡量延緩。

一旦讓被分手的一方感受到「我是被替代掉的」，那麼，幾乎前面希望降低當事人「失落」感的一切努力，都會化為烏有。**「被搶走了」，是所有失落型態裡，最容易誘發憤怒的**。

＊＊＊

緊接著要處理的，是「無法同理、自我中心」的致命傷。

強調「這段關係必須結束」，雖然已經是盡量降低對方失落、維持對方價值感的方式了，但通常接下來還會面臨的，至少有兩種狀態。

△渣男提出那套「我一定會改」、「你要負責，不可以拋棄我」的**情緒勒索**。

△各種「你不對、你該改、你一定有別的男人」之類的**道德綁架**。

但別忘了，同理的能力其實和「大道理」沒什麼關係。對於人格違常的人來說，它更像是一種天生的缺陷。

當事人之所以被眾人罵是渣男，就是會沒有自覺地以自我為中心，並且完全忽視你的感受。**所有的辯論都會失焦和離題**，甚至會讓你深刻體會到一個偏執的人格，可以將過去的現實記憶顛倒黑白到什麼程度。

七、你需要找到適當的「緩衝防禦」，但千萬別找另一位同齡男性友人

所以，這時候除了不要陷入「三堂會審」式的刑偵調查，虛耗精力，而是堅守「不想要改變彼此，彼此也無法持續這段關係，所以沒什麼道理可談」的基調之外，為了隔絕這種「不可能有同理，也不可能設身處地為對方著想，所以也不會有好聚好散」的困境，自己這方找到適當的「緩衝防禦」，協助做這段關係的冷處理，也是非常重要的一環。

但是，這個「緩衝」千萬別找「另一位同齡男性友人」，因為這通常只會造成對方更嚴重的偏執。

一位年長、具有權威，但沒有情愛糾葛關係的男性會是較佳的選擇。而這時可能會面臨的，則是另一種「轉移」，只是這種轉移的焦點是「恨」。

過去也有一些實例，治療師被當成「緩衝」，渣男將憤怒轉移到治療師身上，造成很多困擾。

我也認識一位美女級的網紅藝術家，到後來，還要找律師當協助隔絕的緩衝者，才有辦法擺脫心理病態跟蹤狂的糾纏、騷擾。

如果到這個階段，能夠成功地將「失落」和「無法同理」這兩個關卡所造成的問題盡量淡化，一般來講，這樣的關係糾葛，即使面對的是令人厭惡的人格違常者，問題也會隨著時間慢慢淡去。

特別是能夠讓對方接受「**你不是拋棄對方，而是目前的你，不想要建立任何『關係』**」的話，使用暴力的機會就可以大幅降低。

八、了解對方平常會跟你提到的挫折是什麼，以及他通常如何處理

最後一個問題仍然相當棘手。需要很長時間小心提防的，就是對方「處理挫折的方式和能力」。

若對方毫無處理挫折的能力，那麼你必須用盡一切方式保持距離，以及完全不要相信和他的任何互動會是安全的。

愈理想的另一半，愈充滿洞察和自省

如同前文所提，「關係不是誰擁有誰，而是彼此對等而獨立、攜手面對未來」的概念一樣，如果還有什麼「最好一開始就要特別強調與注意」，我想應該就是，你要先瞭解另一半平常跟你提到的「挫折」，通常會是什麼，還有他應對的方式是什麼。

愈理想的另一半，就愈能充滿洞察和自省，將各種挫折的來龍去脈理清楚，找到屬於自身的、外界的各種可控、不可控的因素，分別去做不同種、多元的處理和面對。

反過來講，當你覺得這個人不分手不行時，通常對方也不會有那麼好的挫折處理能力，因為那需要極佳的自我克制和對個人優缺點的洞見，而能夠有那樣優秀能力的另一半，當然也很少會被稱為「渣男」。

很不幸地，經過長期的相處，你可能發現他所謂的「挫折」，基本上就是反社會性格下的漫天大謊，不然就是自戀性格下的不自量力，更有可能邊是邊緣型人格所衍生的顛倒是非……但無論是哪一種，你都看出他面對挫折的能力相當有限，而這時候的觀察重點，就是他過去使用暴力的習慣，和適應方法到底有多貧乏。

用盡一切方式，保持距離

常用暴力的，會持續喜愛暴力；崇拜暴力的，會認為自己使用暴力，具有絕對的正當性；適應方法貧乏，而只會當悶葫蘆的，則會因為「沒有其他辦法」而採取暴力這項最後手段，來面臨他所遇到的挫折。

遇到這類的男性，除了堅壁清野，用盡一切方式保持距離，完全不要相信和他的互動，可以有任何安全的保障，且永遠相信自己會有受傷的風險之外，確實幾乎沒有好的方式，可以確保自身的安全。

這也是為何**包括台灣在內，世界先進國家都有包含處理家庭或與舊情人之間的家暴法令，或者反跟蹤法等保護當事人的法律**。但法律的力量有時而窮，多數人身安全的保障，還是要以自己提高警覺，作為主要努力的方向，才是最可靠而有效的方式。

七成的家暴謀殺，發生在當事人決定分手之後

最後，**和所愛的人建立親密關係，那是每一個正常人都會有的本能**。不幸遇到非常不適合的另一半，也不是任何一個當事人自己願意的。就像萊斯麗．史坦納（Leslie Steiner）在ＴＥＤ演講中所說，她不是個沒知識的、不夠聰明的女性，她是個事業有成、有著高學歷的女性。

哈佛畢業、有商管碩士學業，在世界前五百大的企業裡工作，身為雜誌的作家和編輯，但是她仍然選擇和一位會施行家庭暴力的丈夫結婚，並且受到多年的暴力威脅而無法離開。

＊＊＊

決定離開這段關係，絕對是明智的選擇，但無論如何，要提高警覺。防範暴力的方法和防範渣男的方法一樣，就是**永遠別欺騙自己「我沒那麼倒楣」**。畢竟有百分之七十的家暴謀殺，是發生在當事人決定分手之後。

希望這樣的理解，能夠提供給所有被渣男所傷害的女性，藉此認清、避免、遠離那些在你身上施加關係剝削的渣男。

國家圖書館預行編目資料

渣男：病態人格——精神科醫師剖析7種人格違常渣男，遠離致命愛情／王俸鋼著. ——初版. ——臺北市；寶瓶文化,2020.11
面；　公分, ——（vision；202）
ISBN 978-986-406-206-5（平裝）
1.精神分析學　2.心理病態人格　3.男性　4.兩性關係
175.7　　109015764

寶瓶 AQUARIUS

Vision 202
渣男：病態人格——精神科醫師剖析7種人格違常渣男，遠離致命愛情

作者／王俸鋼（彰化基督教醫院司法精神醫學中心主任）
副總編輯／張純玲

發行人／張寶琴
社長兼總編輯／朱亞君
資深編輯／丁慧瑋　編輯／林婕伃
美術主編／林慧雯
校對／張純玲・林婕伃・陳佩伶
營銷部主任／林歆婕　業務專員／林裕翔　企劃專員／李祉萱
財務／莊玉萍
出版者／寶瓶文化事業股份有限公司
地址／台北市110信義區基隆路一段180號8樓
電話／(02) 27494988　傳真／(02) 27495072
郵政劃撥／19446403　寶瓶文化事業股份有限公司
印刷廠／世和印製企業有限公司
總經銷／大和書報圖書股份有限公司　電話／(02) 89902588
地址／新北市新莊區五工五路2號　傳真／(02) 22997900
E-mail／aquarius@udngroup.com

法律顧問／理律法律事務所陳長文律師、蔣大中律師
如有破損或裝訂錯誤，請寄回本公司更換
著作完成日期／二〇二〇年九月
初版一刷日期／二〇二〇年十一月四日
初版三刷+日期／二〇二三年六月十四日
ISBN／978-986-406-206-5
定價／三四〇元

寶瓶文化事業

愛書人卡

感謝您熱心的為我們填寫，
對您的意見，我們會認真的加以參考，
希望寶瓶文化推出的每一本書，都能得到您的肯定與永遠的支持。

系列：vision 202　書名：渣男：病態人格——精神科醫師剖析7種人格違常渣男，遠離致命愛情

1. 姓名：＿＿＿＿＿＿＿＿　性別：□男　□女
2. 生日：＿＿＿年＿＿＿月＿＿＿日
3. 教育程度：□大學以上　□大學　□專科　□高中、高職　□高中職以下
4. 職業：＿＿＿＿＿＿＿
5. 聯絡地址：＿＿＿＿＿＿＿＿＿＿＿＿＿＿＿＿＿＿＿＿

   聯絡電話：＿＿＿＿＿＿＿＿　手機：＿＿＿＿＿＿＿＿
6. E-mail信箱：＿＿＿＿＿＿＿＿＿＿＿＿＿＿＿＿

   □同意　□不同意　免費獲得寶瓶文化叢書訊息
7. 購買日期：＿＿＿年＿＿＿月＿＿＿日
8. 您得知本書的管道：□報紙／雜誌　□電視／電台　□親友介紹　□逛書店　□網路

   □傳單／海報　□廣告　□其他
9. 您在哪裡買到本書：□書店，店名＿＿＿＿＿　□劃撥　□現場活動　□贈書

   □網路購書，網站名稱：＿＿＿＿＿＿　□其他＿＿＿＿＿
10. 對本書的建議：（請填代號　1. 滿意　2. 尚可　3. 再改進，請提供意見）

    內容：＿＿＿＿＿＿＿＿＿＿＿＿

    封面：＿＿＿＿＿＿＿＿＿＿＿＿

    編排：＿＿＿＿＿＿＿＿＿＿＿＿

    其他：＿＿＿＿＿＿＿＿＿＿＿＿

    綜合意見：＿＿＿＿＿＿＿＿＿＿＿＿＿＿＿＿＿＿＿＿＿＿＿
11. 希望我們未來出版哪一類的書籍：＿＿＿＿＿＿＿＿＿＿＿＿＿＿＿

讓文字與書寫的聲音大鳴大放

寶瓶文化事業股份有限公司

（請沿此虛線剪下）

廣　告　回　函	
北區郵政管理局登記	
證北台字15345號	
免貼郵票	

寶瓶文化事業股份有限公司收

110台北市信義區基隆路一段180號8樓

8F,180 KEELUNG RD.,SEC.1,

TAIPEI.(110)TAIWAN R.O.C.

（請沿虛線對折後寄回，或傳真至02-27495072。謝謝）